行政サービスの インソーシング

「産業化」の日本と「社会正義」のイギリス

榊原秀訓　大田直史
庄村勇人　尾林芳匡　著

自治体研究社

はしがき

　本書は、イギリスにおいてアウトソーシングした行政サービスを自治体に戻している（インソーシング）状況、アウトソーシングとも結びついた「大きな社会」（つまり小さな行政）・「市民社会戦略」といった政策、PFI（Private Finance Initiative）の活用をやめる動向や、インソーシングの政策を実現するための労働組合・市民団体等の社会運動を紹介することを目的としています。イギリスの行政サービスに関しては、わが国において「市場化テスト」を導入しようとする際に、モデルとなったイギリスの官民強制競争入札制度（Compulsory Competitive Tendering: CCT）について、共同で本を出版し（『イギリスの市場化テストと日本の行政』自治体研究社、2006 年）、イギリスで何が議論されているのか、ブレア（Blair）政権によって CCT が廃止されたのがなぜなのか、その後どのような変化があったのかといったことを検討しました。今回は、とりわけ 2010 年以降のイギリスの行政サービスの状況を新しく紹介、検討しようとするものです。

　私が 2011 年にイギリスのインソーシングを紹介したときにも、読者に何のことかすぐにはわかってもらえませんでした。今でもインソーシングは聞き慣れない用語かもしれません。しかし、「アウト」ソーシングの裏返しの「イン」ソーシングであるとわかれば、イメージは容易かもしれません。行政だけではなく、民間企業においても、インソーシングは行われています。イギリスの行政サービスに関して、本書をお読みいただければわかりますが、現在ごく普通に使われている用語となっています。おそらく、わが国においても、水道民営化にかかわって、国際的な再公営化の状況がさかんに紹介されたので、公益

事業を中心に使用されている民間企業から自治体へとサービスを戻す再公営化なら知っているという方も少なくないのではないかと思います。しばしば、インソーシングと再公営化は同義で用いられていますが、イギリスでは、公益事業以外のサービスについては、インソーシングという言い方が一般的です。イギリスで普通に使われている用語が、わが国ではイメージがわかないということこそが政策を考える上では大きな問題であるわけです。本書が克服しようとするのは、「行政サービスの産業化」のみが政策的選択肢であるかのような理解です。

　本書出版の契機の一つは、2020年のイギリス調査です。大田と榊原は、イギリス自治体のシンクタンクとして活動しているAPSE（Association for Public Services Excellence）が2019年にインソーシングの報告書を公表していることを知り、マンチェスター（Manchester）のAPSEの本部に行きました。そこで、Paul O'Brien氏とMo Baines Hulston氏にインタビューさせてもらい、本書出版の企画が決まってからは、報告書の基になっている調査データを提供していただきました。また、先のCCTの本にも執筆し、イギリスの行政サービスやPFIにも強い関心をもっている尾林弁護士が、独自にイギリスやフランスでの調査を行っていることから、本書の企画に参加してもらいました。さらに、大田・榊原と同じ科研のメンバーである庄村がPFIの比較法研究を進めていることから、PFIについて執筆することを依頼しました。このように、大田・庄村・榊原に関しては、本書は科研（JSPS科研費JP17H00956）の研究成果の一部でもあるわけです。

　現在、日本とイギリス両国を含め、世界的に新型コロナウイルス感染症の脅威が続いています。わが国の状況をみると、保健所・医療機関の削減によって、困難が増幅し、国の政策執行における民間企業頼みの中で、契約や監視体制の不備等の民間委託の問題点が明るみになっています。新型コロナウイルス感染症対策で他国の優れた経験を参

考にすべきであるように、行政サービスのあり方に関しても、国際的動向に注目しなければなりません。イギリスについて見るべきものは、決してフットボールだけではありません。行政サービスのあり方については、インソーシングという選択肢があり、イギリスの最近の動向やその理由を知ることは、わが国の政策を考える上でも極めて有益です。

　本書は、先に触れたように、イギリスの団体の関係者へのインタビューや資料提供の協力がなければ完成できなかったものです。また、なんとか出版にまでこぎつくことができたのは、執筆者に対する助言や、原稿提出まで辛抱いただいた自治体研究社の寺山浩司さんのおかげです。記して感謝申し上げます。

　2020 年 11 月 23 日

執筆者を代表して
榊原秀訓

第1章

わが国の行政サービスの民間化の現状

榊原秀訓

はじめに

　イギリスの状況を検討する前に、本章においては、安倍晋三政権やそれを承継するという菅義偉政権の下における行政サービス民間化の現状を紹介・検討していきます。最初に、政府の政策を紹介します。次に、地方公務員の数に関して、特に臨時・非常勤公務員の増加と会計年度任用職員の制度や運用の問題点に触れます。最後に、行政サービスのアウトソーシングの手法をみていきます。

1　政府における行政サービス産業化の政策

　まず、政府における行政サービス民間化の政策として、2015年から打ち出された行政サービスの産業化（公的サービスの産業化、公共サービスの産業化とも称されますが、引用部分を除き、このように表記します）を中心に紹介していきます。

1) 『骨太方針 2015』

　2015 年のいわゆる「骨太方針」において、「インセンティブ改革」、「公共サービスのイノベーション」と並んで、「公的サービスの産業化」という新しいキーワードが出されます[1]。このような「公的サービスの産業化」は、いわゆる民間議員 4 人が共同で提出した「公的分野の産業化に向けて～公共サービス成長戦略～」に基づくものです。「骨太方針」は、「公的サービスの産業化」について、「民間の知恵・資金等を有効活用し、公共サービスの効率化、質の向上を実現するとともに、企業や NPO 等が国、地方自治体等と連携しつつ公的サービスへの参画を飛躍的に進める」とし、多様な行政事務の外部委託、包括的民間委託等の推進、民間資金・民間ノウハウの活用等を求めています。また、「民間能力の活用等」として、「民間の資金・ノウハウを活用し、効率的なインフラ整備・運営やサービス向上、民間投資の喚起による経済成長を実現するため、『PPP／PFI の抜本改革に向けたアクションプラン』の実行」の加速を述べ、「コンセッション」の活用、「包括的民間委託や上下水道など複数分野の一体的な管理委託」など、「多様な PPP／PFI 手法の積極的導入を進め、民間ビジネスの機会を拡大する」とするものです。そして、そのために、「国や例えば人口 20 万人以上の地方公共団体等において」、「多様な PPP／PFI 手法導入を優先的に検討するよう促す仕組みを構築する」とし、また、民間委託として、「市町村で取組が遅れている分野や窓口業務などの専門性は高いが定型的な業務の適正な民間委託の取組の加速」を述べ、特に「窓口業務のアウトソーシング」への関心を明らかにしています。

　わが国の行政改革ではしばしばあることですが、行政サービスの産業化の用語自体は、イギリスで 10 年以上も前から用いられていたものです。イギリスにおいては、成功と言えるか疑わしい政策でも「日本版」として導入されることがよくあります。結果として、改良型では

12

なく、改悪型であることも少なくなく、この場合も改悪型と考えられます。

2)　自治体における具体化としての行政改革指針

　2015年8月28日に総務省から「地方行政サービス改革の推進に関する留意事項」が出されました。これは、1980年代半ば以降から繰り返し出されているいわゆる地方行革指針の最新版と考えられます。そこでは、『骨太方針2015』に言及がなされ、「地方行政サービス改革を推進するに当たっての留意事項を示」すものとされています。その内容を簡単に確認すると、「1　行政サービスのオープン化・アウトソーシング等の推進」として、「業務の集約・大くくり化、他団体との事務の共同実施などスケールメリットが生じるよう事務の総量を確保することなどの工夫」等を求める「民間委託等の推進」、「指定管理者制度等の活用」、「地方独立行政法人制度の活用」、「BPRやICTを活用した業務の見直し（特に窓口業務の見直し及び庶務業務の集約化)」、「2　自治体情報のシステムのクラウド化の拡大」、「3　公営企業・第三セクター等の経営健全化」、「4　地方自治体の財政マネジメントの強化」、「5　PPP／PFIの拡大」といったことをあげています。

3)　自治体戦略2040構想と第32次地制調

　最後に、自治体戦略2040構想から第32次地方制度調査会（以下「地制調」）答申にわたる最近の動向を確認しておきます[2]。2018年の自治体戦略2040構想研究会第二次報告書の「スマート自治体への転換」においては、まず、「従来の半分の職員でも自治体として本来担うべき機能が発揮でき、量的にも質的にも困難さを増す課題を突破できるような仕組みを構築する必要がある」としています。そして、そのような仕組みを構築するために、「破壊的技術（AIやロボティクス、ブロ

ックチェーンなど）」の活用により、「職員は企画立案業務や住民への直接的なサービス提供など職員でなければできない業務に注力するスマート自治体へと転換する必要性」を述べ、その転換は、「自治体職員が本来の機能を発揮し、地域に必要とされる役割を果たす好機」とします。さらに、「自治体行政の標準化・共通化」として、「既存の情報システムや申請様式の標準化・共通化を実効的に進めていくためには、新たな法律が必要」であると述べています。

　次に、「公共私によるくらしの維持」では、「自治体は、新しい公共私相互間の協力関係を構築する『プラットフォーム・ビルダー』へ転換することが求められ」、また、「新しい公共私の協力関係の構築」として、「シェアリングエコノミーによってニーズを充足する機能を発揮できる環境を整備するとともに、ソーシャルビジネスとの継続的な協力関係を構築することによってサービスの質と利用理解を充実させることが求められる」として、最後に、「負担を分かち合い、くらしを支えるための体制を構築して、共助の場を創出する」ために、「地域を基盤とした新たな法人を設ける必要がある」としています。自治体戦略2040構想研究会第一次報告書で、「地域ごとの公・共・私のベストミックスに移行するため、自治体は、単なる『サービス・プロバイダー』から、公・共・私が協力し合う場を設定する『プラットフォーム・ビルダー』へと転換が求められる」としていた部分です。

　これは、本多が批判するように、職員数が「半分になる」のではなく、職員数を「半分にする」もので[3]、そのために、未来投資会議が推進する「Society 5.0」の自治体での具体化と考えられる「破壊的技術」の活用を行い、自治体は「共や私」の活用を求める「プラットフォーム・ビルダー」に転換することを求めるものと考えられます。AI等の活用によって、職員の半減にとどまらず、無人窓口の実現すら主張されています[4]。AI等が一定の程度の効率化には役立つとしても、

住民との接点を保障し、職員が住民と直接やり取りできることには住民の権利利益保障の点でも重要です[5]。

2020年に公表された地制調答申においては、2040構想とは異なり、「半分の職員」といったキーワードがなくなり、自治体の役割として、「行政サービス提供の役割」とともに「プラットフォームを構築していく役割」があげられるものとなっているなどの相違があります。しかし、実質的には地制調答申は2040構想の延長線上にあると考えられ、上述の批判は地制調答申にも当てはまるでしょう。

4）　内容と政策形成の特徴

直接的に地方行革にかかわる政策を中心に、上記の政策について、以前の地方行革等と比較してその内容や政策形成過程の特徴を自分なりに考えてみました。

第1に、地方行革の内容が細分化したとも考えられますが、地方公務員の定員や給与の「適正化」といったことはなくなっています。この点にかかわって、第2に、何が「適正」と考えるかについて自治体の判断に委ねられていたものが、財政的誘導等も利用して、事実上「強制」するものとなっています。第3に、2005年段階では、新しい手法として行政評価やPDCAサイクルを核にしたニュー・パブリック・マネジメント（New Public Management: NPM）手法に基づく地方行革が求められましたが、こういった行政組織内部の改革に対する関心は消えていることをあげることができます。第4に、地方行革の推進のために、内容は多様であるとしても、少なくとも建前上は住民の意見を聴いた上で、地方行革の内容が決定される仕組みでしたが、もはやそのような関心もないように思われます。第5に、それに代わって官邸主導の政策形成の具体化のみが求められているように考えられます。例えば、経済財政諮問会議による「骨太方針2015」への言及からその

ことは明らかです。それは、経済財政諮問会議だけではなく、法律に基づかずに設置されている未来投資会議との関係でも同様で、Society 5.0に基づく自治体版の政策が展開されています。第6に、官邸主導の政策といっても、それはもともと財界が要求していた政策を政治的に採用したものと考えられます。大くくりの民間委託など、イギリスと同様に、財界の要求を受けたものとなっているわけです。最後に、従来の地方行革でも同様の点ですが、過去の政策の検証や比較法的考察なく、新しい政策が展開されていることをあげることができます。

2　公務員制度の現状

1)　常勤職員と臨時・非常勤職員

　次に、公務員制度の現状に触れます。国際比較すると、わが国の公務員数は少ないと言われていますが[6]、地方公務員は、地方行革による削減と、市町村合併の影響により、定数は大きく削減されてきています。1994年の328万2000人（100人以下四捨五入）をピークに、2016年の273万7000人まで減少を続けていますが、ここ5年程度はほぼ横ばいとなっています。問題は、自治体の仕事量が減少したことから、総職員数が減少したと言えるかですが、そのような関係にはありません。つまり、臨時・非常勤職員の状況は、表1−1のようなものであり、常勤職員の減少と反比例して、徐々に増加してきている状況がわかります。

　また、表1−2の2016年の職種別で、構成比5%以上のものをみると、以下のようになります。事務補助職員が約10万人、構成比15.7%と最も人数が多く、比率が高いことがわかります。勤務時間数の区分としてのフルタイム、4分の3超、4分の3を事務補助職員でみると、概ね3分の1ずつに分かれていることもわかります。

表 1-1　臨時・非常勤職員の推移

年	2005 年	2008 年	2012 年	2016 年
数（人）	455,840	497,796	598,977	643,131

出所：総務省「地方公務員の臨時・非常勤職員調査結果のポイント」（2017 年 3 月 31 日）。

表 1-2　職種別区分との勤務時間数ごとの人数

区分	計	フルタイム	3／4 超	3／4 以下	構成比
事務補助職員	100,892	36,770	31,066	33,056	15.7%
教員・講師	92,494	53,580	13,761	25,153	14.4%
保育所保育士	63,267	25,112	20,735	17,420	9.8%
給食調理員	37,985	11,238	12,890	13,857	5.9%

出所：総務省「地方公務員の臨時・非常勤職員に関する実態調査結果」（2017 年 3 月 31 日）。

2)　会計年度任用職員

　自治体においては、正規公務員が継続的に減少し、その裏返しとして、非正規公務員が増加してきているわけです。任期付き公務員の活用提案もありましたが、実際にはその活用は限定されています。

　そのような状況の中で、非正規公務員制度として、一般職の「会計年度任用職員」制度（フルタイムとパートタイムの 2 種類があります）が創設されました[7]。フルタイムのものは、「常時勤務を要する職を占める職員と同一の勤務時間」のものとされました。しかし、フルタイムとパートタイムといった勤務形態の相違による処遇の相違は大きく、より安上がりのものとしてパートタイムの会計年度任用職員の活用が選択される可能性があります。このような類型の相違に基づく差別化は、「勤務実態」に基づき手当支給を判断する従来の裁判例に照らしても問題があると考えられます。

　また、フルタイムの常時勤務を要する職は、「相当の期間任用され

る職員を就けるべき業務に従事する職であること」が必要ですが、これまで正規職員が担ってきた恒常的業務であったとしても「本格的業務」に該当しないとして会計年度任用職員に委ねられる可能性、さらには、「本格的業務」も会計年度任用職員に担当されることになる危険性が指摘されています。

　その後の会計年度任用職員の具体化の中では、必ずしも待遇改善につながらない問題点が指摘されてきました。第1に、退職手当等の支給が必要となるフルタイムを避け、フルタイムの時間をわずかに短くしたパートタイムとして任用するというものです。これに対して総務省は、2020年1月31日に「会計年度任用職員の導入等に向けた事務処理マニュアル（第2版）」のQ&Aに追加として、「単に勤務条件の確保等に伴う財政上の制約を理由として、合理的な理由なく短い勤務時間を設定し、フルタイムでの任用について抑制を図ることは、適正な任用・勤務条件の確保という改正法の趣旨に沿わない」として、「パートタイム会計年度任用職員として位置づけること自体を目的として、例えば、勤務時間をフルタイム会計年度任用職員よりも一日当たり15分短くするなど、わずかに短く設定することは適切ではない」としています。

　第2に、手当を支給する場合に、給料・報酬を削るという対応をとる自治体もあります。それによって、年収レベルでも収入が減少するといった場合も出てきています。従来、違法と判断されることをおそれて手当支給をせずに、月収に上乗せをしていたので、手当支給に伴い、毎月の上乗せ分をなくしたというものです。どうもこのような対応をとっていた自治体も存在したようですが、手当支給に伴い、毎月の給料・報酬を削減した自治体がすべてこのような対応をとっていたものか疑わしく、また、同一価値労働同一賃金といった考え方によれば、会計年度任用職員の従来の勤務条件との比較を考えるのではなく、

18

常勤職員との比較が必要であると考えられます。さらには、そうだとすると、そもそもフルタイムの会計年度任用職員という制度の活用が妥当か自体も問われることになります。

　2020年9月7日に公表された自治労の調査においては、521自治体で会計年度任用職員の比率は38.9％となっており、特に一般市では42.5％、町村では45.1％と高い比率となっています。また、フルタイムは7.6％、短時間（パートタイム）は92.4％と短時間のものが圧倒的多数ですが、週35時間以上のものが24.2％おり、本来フルタイムで任用すべき者を短時間で任用していると思われます。さらに、期末手当支給に伴って、給料・報酬が「ほとんどのケースで下がる」「下がるケースが多い」はフルタイムで10.1％、短時間で17.3％と一定数存在します[8]。

3　行政サービスのアウトソーシングの手法

　以下、行政サービスのアウトソーシングについて、具体的な手法などを簡単にみておきます[9]。

1)　窓口業務と地方独立行政法人

　市場化テストにかかわって、自治体における窓口業務が細分化され、民間企業労働者の活用が許容される一方、その限定がなされました。つまり、「一体の業務」を委ねることは認められず、審査や交付決定等の部分は自治体職員が行うべきとされ、それ以外の「事実上の行為」や「補助的業務」である「請求の受付」や「引渡し」を民間委託することが認められてきました[10]。

　その活用状況や対応をみておきます[11]。総務省の調査（「地方行政サービス改革の取組状況等に関する調査」）をみると、2019年4月1日現

在の窓口業務の民間委託の実施状況は、全市区町村で 24.4% となっており、特に、指定都市・中核市以外の市で 34.9%、町村で 9.7% となっています。窓口業務の民間委託の実施例は、徐々に増加してきているものの、必ずしも多くはなく、足立区のように、偽装請負や個人情報保護等の観点から違法性が問題となる事例が生じてきましたが、総務省による自治体へのアンケートにおいても、これらの問題が懸念されています。このように、窓口業務に民間企業を活用しようと思っても大きな限界があり、地方独立行政法人（申請等関係事務処理法人）を新設し、その活用が目指されているわけです。

　しかし、総務省の調査（「地方独立行政法人の設立状況」）によれば、2020 年 4 月 1 日現在で地方独法は合計で 150 あり、職員が公務員身分を有する「特定地方独立行政法人」は 5 法人にとどまっており、多数は職員が公務員身分を有しないという点で、民間組織に接近したものとなっています。また、その対象業務は、大学 76 と公営企業型 61 をあわせて 137、公営企業型の中身は病院なので、現在の地方独法は、ほぼ大学と病院ということになり、その他に試験研究で 11 となっていることから、対象業務は限定されており、窓口業務はそれらとは相当に異質です。さらに、役職員が地方公務員の身分を有さない一般地方独法の選択も可能といった問題点もあります。もし安上がりを期待するのであれば、民間企業に委ねることに類似し、他方で、公務員に準拠するのであれば、安上がりのメリットなしと考えられます。特定の自治体での活用から地域（圏域）での活用（共同設置）も考えられており、前述の 2040 構想にも関連しています。

2）　包括的民間委託

　まず、業務委託の民間委託等の促進として、財政誘導がなされているという問題点があります。自治体の経費水準を地方交付税の基準財

表 1 - 3　島田市が示した包括委託による経費削減効果の試算

	①：平成 30 年度予算	②：会計年度任用職員への移行	③：包括委託
A：人数	502 人	502 人	502 人
B：人件費（③のみ合計価格）	881,997,367	1,239,600,019	1,134,264,669
C：平均賃金（年額）	1,756,966	2,469,322	2,259,551

出所：山縣宏寿「自治体業務における包括委託の問題点——静岡県島田市のケースから」季刊自治と分権 76 号（2019 年）69 頁。

政需要額の算定に反映する「トップランナー方式」が採用される 23 業務について、民間委託・地方独立行政法人化等により安上がりになった人件費を前提に交付税を決めるため、民間委託等の方向へ動くことになります[12]。

　さらに、先に言及されていた包括的民間委託についても触れておきます。前述の会計年度任用職員を導入するよりも安価であるという理由から、包括的民間委託として、民間企業への包括的な丸投げを検討する自治体も登場してきています。しかし、そうなると処遇改善はなされず、違法な窓口業務が行われる可能性も低くありません。

　例えば、静岡県島田市は、2019 年 3 月に包括民間委託関連経費を予算案に含めていましたが、これは、表 1 - 3 から明らかなように、会計年度任用職員を導入するよりも安価であると考えられたからです。

　しかし、これは、取引コスト等を捨象する点は別としても、従来窓口業務に関して指摘されてきた先のような問題点をほとんど意識していないものであり、包括民間委託関連経費に議会が反対し、同経費は削除されました[13]。また、総務省は、2019 年 6 月 10 日に先に触れた「会計年度任用職員制度の導入等に向けた事務処理マニュアル（第 2 版）」の Q&A に追加として、臨時・非常勤職員が担当する行政サービスについて民間委託の可能性を認めるとしつつ、「それぞれの職の必要

性を十分に検討することなく、単に勤務条件の確保等に伴う財政上の制約を理由として、会計年度任用職員制度への必要な移行について抑制を図ることは、適正な任用・勤務条件の確保という改正法の趣旨に沿わない」としており、包括民間委託の安易な導入は認められるべきではありません。ただし、島田市においても、今回の導入は否定されたものの、将来にわたって完全に包括民間委託が放棄されたわけでもないようであり、今後の動向に注意が必要となっています。

3) 公の施設の指定管理者

公の施設に関しては、その指定管理者の状況を確認しておきます[14]。2018年4月1日現在の調査では、導入施設数は初めて減少したものの、それは、すでに多くの施設で導入され、新規の施設設置が抑制され、既存施設の統廃合・再編が影響したものと考えられます。

指定管理者別では、比較的大きな割合を占めるものとして、特例民法法人、一般社団・財団法人、公益社団・財団法人等（25.4％）、公共的団体（15.8％）、地縁による団体（18.4％）がありますが、これらの団体の割合は調査の度ごとに減少しています。他方で、表1−4から民間企業等、とりわけ、本章の関心事である株式会社の数・割合が増加していることがわかります。

公募は、その割合が徐々に増え、また、指定期間は、5年が最も多く、前回からの割合も増えています。3年ではあまりにも短いという判断によるものと思われますが、それでも指定管理者の指定期間は短期間で、そのたびに労働者の雇用条件が引き下げられる危険性があります。

指定取消し、業務停止、期間満了指定取止めは、前回から件数が増え、過去最高となっています。内容的には、施設の統廃合、休止、民間譲渡等が大幅に増えています。指定取消しなどの理由では、「施設の

表 1-4　公の施設の指定管理者における民間企業等・株式会社の割合

	民間企業等	株式会社	指定管理者全体
2009 年 4 月 1 日現在	20,489 施設（29.3%）	10,375 施設（14.8%）	70,022 施設
2012 年 4 月 1 日現在	24,384 施設（33.2%）	12,799 施設（17.4%）	73,476 施設
2015 年 4 月 1 日現在	29,004 施設（37.5%）	14,998 施設（19.4%）	77,342 施設
2018 年 4 月 1 日現在	30,802 施設（40.0%）	16,342 施設（21.2%）	76,268 施設

注：民間企業等は、株式会社、NPO 法人、学校法人、医療法人等。
出所：総務省『公の施設の指定管理者制度の導入状況等に関する調査結果』より作成。

休止・廃止」が最も多く、以下、「施設の民間等への譲渡・貸与」、「費用対効果・サービス水準の検証結果」、「指定管理者の経営困難等によって撤退等」、「指定管理者の合併・解散」となっています。市区町村では、「公募への応募なし・要件不備、不選定」、「議会不同意」、「協定締結の協議不調」もあります。指定取消し等の後の管理の状況として、最も多かったのは「施設の統廃合、民間等への譲渡・貸与」です。他方で、「直営に戻す」もあり、特に市区町村では高いものの、「直営に戻す」といっても実態的には業務委託も多く、経費節減が徹底され、常勤職員も少ないとされています。

4）　PFI

　最初に触れた『骨太方針 2015』を受けて、2015 年 12 月 15 日に政府によって自治体に対して出された指針（多様な PPP ／ PFI 手法導入を優先的に検討するための指針）によって、人口 20 万人以上の自治体に、「PPP ／ PFI 優先的検討規程」の策定を求め、①「建設、製造又は改修を含むもの」は、事業費の総額が 10 億円以上、②「運営等のみを行うもの」は、単年度の事業費が 1 億円以上の公共施設整備事業について、自ら事業を行う従来型の手法の検討よりも、PPP ／ PFI 手法の導入が適切か否かの検討を優先して行わなければならないとしていることに

注意が必要です[15]。

　水道事業の民営化にかかわっては、フランス発の PPP 手法とされるコンセッションが注目を集めています[16]。わが国では、「利用料金の徴収を行う公共施設について、施設の所有権を公共主体が有したまま、施設の運営権を民間事業者に設定する方式」と説明されます。コンセッションでは、料金徴収の権利があり、指定管理者制度も同様であるものの、その指定期間は 3 年～5 年に限定されていたので、それと比較してかなり長期のものとなっています。そもそも PFI は、指定管理者制度とは反対に、競争なく長期に比較的規模の大きな民間企業に委ねるという特徴があります。また、公共施設等運営権は物権化し、抵当権設定も可能となり、資金調達が容易になり、このようなコンセッションにより、従来の PFI 契約よりも大規模化、長期化します。

　空港民営化・水道事業民営化と称されるのがコンセッションの例です。水道法改正による水道事業の民営化が現在進行形であり、国際的動向にも言及がなされつつ、社会的にも大きな関心事となっています。他方で、わが国でも紹介されているように、水道事業民営化とは逆方向の国際的な再公営化の動向も存在しています。そのような動向に照らすと、30 年遅れの、失敗済みの（失敗経験の多い）水道事業民営化のように思われます。

おわりに

　わが国においては、費用削減に与えられている重要度が高く、しかもそれは、労働者の雇用条件切り下げによって達成されていることが少なくありません。しかし、こういったことで費用削減を達成することの妥当性が問われます。他方で、アカウンタビリティ確保への関心は極めて低いものと思われます。「自助」を強調して、「公助」の役割

を最小限のものにとどめようとしている首相では、アウトソーシング
を強調する行政サービスの状況に変化を望むのは難しく、むしろ状況
は悪化します。

　こういった状況において、アウトソーシングされた行政を提供する
労働者の賃金の低下に歯止めをかけるものとして注目されているのが、
公契約条例です[17]。また、いくつかの自治体によって行われている
指定管理者の活動に対する情報公開条例の適用といった透明性・情報
公開の強化も重要です。さらに、公の施設の指定管理者の箇所で触れ
たように、施設管理が直営に戻される例もあります。これらの対応は、
必ずしも一般化しているものではありませんが、その動向をさらに発
展させるとともに、自治体が自ら行政サービスを提供することの積極
的な価値を示していくことが必要で、イギリス等の動向を踏まえて考
えていくことが求められます。

注

1　経済財政諮問会議における「公的サービスの産業化」については、岡田知弘
　『公共サービスの産業化と地方自治』（自治体研究社、2019 年）、特に、第 4 章
　1 が詳しい。
2　これらについては、榊原秀訓「第 32 次地方制度調査会答申から見る国の自治
　体戦略」季刊自治と分権 81 号（2020 年）等参照。2040 構想における行政サー
　ビス民間化政策については、萩原聡央「『自治体戦略 2040 構想』と行政サービ
　スの民間化」晴山一穂ほか編著『官僚制改革の行政法理論』（日本評論社、2020
　年）379-395 頁が詳しい。
3　本多滝夫「地方自治制度から見た問題点と課題」季刊自治と分権 79 号（2020
　年）34 頁。
4　阿部知明「これからの地方行政体制の姿〜第 32 次地方制度調査会答申を読む
　〜」地方自治 873 号（2020 年）9 頁。
5　黒田兼一・小越洋之助編著『働き方改革と自治体職員』（自治体研究社、2020
　年）特に、黒田兼一・山縣宏寿「AI・ロボティクス時代の自治体職員」、白藤博

行・自治体問題研究所編『デジタル化でどうなる暮らしと地方自治』（自治体研究社、2020 年）特に、久保貴裕「AI・デジタル化と公務の現場」参照。

6　前田健太郎『市民を雇わない国家』（東京大学出版会、2014 年）。

7　会計年度任用職員については、上林陽治「官製ワーキング・プアの法定化」労働法律旬報 1891 号（2017 年）6-10 頁、山縣宏寿「自治体における非正規雇用と会計年度任用職員制度」季刊自治と分権 71 号（2018 年）70-80 頁、住民と自治 661 号（2018 年）特集「公務労働のブラック化を招く『働き方改革』」、山縣宏寿「会計年度任用職員制度」住民と自治 673 号（2019 年）37-41 頁等参照。

8　「自治労が会計年度任用職員調査」（上・下）機関紙連合通信社デジタル版 2020 年 9 月 10 日・12 日、しんぶん赤旗 2020 年 9 月 16 日 5 面参照。

9　一般的に、尾林芳匡『自治体民営化のゆくえ』（自治体研究社、2020 年）。

10　市場化テストの仕組みや問題点について、榊原秀訓「市場化テストと自治体」三橋良士明・榊原秀訓編著『行政民間化の公共性分析』（日本評論社、2006 年）247-269 頁等参照。

11　榊原秀訓「地方独立行政法人による窓口業務の包括的処理の問題」住民と自治 663 号（2018 年）26-30 頁。

12　トップ・ランナー方式については、川瀬憲子「政府間関係再編下の地方財政」日本地方自治学会編『自治体の現場と課題〈地方自治叢書 32〉』（敬文堂、2020 年）70 頁、平岡和久『人口減少と危機のなかの地方行財政』（自治体研究社、2020 年）98 頁参照。

13　自治労連弁護団「包括的民間委託についての意見書」（2019 年）（自治労連ホームページ）、山縣宏寿「自治体業務における包括委託の問題点——静岡県島田市のケースから」季刊自治と分権 76 号（2019 年）65-71 頁参照。

14　角田英昭「2018 年『指定管理者制度導入状況等調査』結果の概要と課題、今後の取組」研究機構・研究と報告 134 号（2019 年）参照。

15　尾林芳匡「公共サービスのアウトソーシングの動向と対抗の視点」季刊自治と分権 65 号（2016 年）55-56 頁、三雲崇正「PFI とは何か」岸本聡子・三雲崇正・辻谷貴文・橋本淳司『安易な民営化のつけはどこに』（イマジン出版社、2018 年）175-181 頁。

16　コンセッションについて、井熊均・石田直美『地域の価値を高める新たな官民協働事業のすすめ方』（学陽書房、2018 年）等、また、近年の水道事業民営化について、尾林芳匡・渡辺卓也編著『水道の民営化・広域化を考える［第 3

版]』（自治体研究社、2020 年）等参照。

17　最近のものとして、永山利和・中村重美『公契約条例がひらく地域のしごと・
　　くらし』（自治体研究社、2020 年）。

第2章

行政サービスのインソーシングと
「社会的価値」・「社会正義」への注目

榊原秀訓

はじめに

　これまで、APSE（Association for Public Services Excellence）が行ったインソーシングの調査や、アメリカにおける同様の動向である行政サービスの民営化の反転に関する研究動向を紹介してきました[1]。さらに、ヨーロッパを中心に行政サービスの「再公営化」の調査がなされていることから、その状況を研究してきました[2]。本章の2節で紹介するインソーシングの状況は、イギリスにおける300超の自治体を会員として、自治体の行政サービスの改革を推進する非営利の団体（いわばシンクタンク）であるAPSEの2017年の調査に基づくものです[3]。

　インソーシングへの関心は一般的なものとなっており、2020年6月には、Institute for Government という別のシンクタンクも同じくインソーシングについての報告書を公表しています[4]。もっとも、APSEがインソーシングについてかなり積極的な評価をしているのに対して、Institute for Government は、アウトソーシングの改善に対する関心が強く、インソーシングには慎重な姿勢を示しているように思われます。

このことについて、APSE の Paul O'Brien 氏と Mo Baines Hulston 氏にも尋ねたところ同じ考えでした。また、インソーシングされた環境サービス（廃棄物収集、街路清掃等）とアウトソーシング時の利用者の低い満足度の結びつきといった APSE の調査結果に対して、Institute for Government では最も満足行くアウトソーシングという異なる評価をしていますが、その調査の基礎が曖昧ではないかという考えや、Institute for Government の見解が事実や証拠に基づいていないのではないかという懸念も連絡いただいています。そこで、以下では、APSE による調査結果を中心にしつつ、インソーシングについて検討していきます。

1　行政サービスのアウトソーシング

1)　アウトソーシングの問題点

(1)　アウトソーシングの想定外の影響

　まず、行政サービスのアウトソーシングは、同じ行政サービスまたはより良い行政サービスを安価に提供するものであるということがしばしば述べられてきました。しかし、後から確認するように、実際には、まさにインソーシングの理由として、費用や効率性がその理由としてあげられてきています。他方で、民主主義やアカウンタビリティが効率性を重視するアウトソーシングに馴染まないものになっていることなども指摘されてきています[5]。

　アウトソーシングの問題点を指摘する文献は少なくありませんが、2017 年の APSE 報告書がアウトソーシングの想定外の影響としてあげている表 2−1 がアウトソーシングの問題を簡単に確認するために便利だと思われますので、紹介しておきます。

表 2 - 1　アウトソーシングの想定外の影響

費用／効率性	達成度	質／柔軟性	雇用／社会正義
アウトソーシングされた契約は、楽観主義の先入観が決定に影響を与えるので、約束された効率性または節約を提供しないかもしれない。	依頼者側の達成管理は、時間が経つにつれて弱まり得るかまたは達成をモニターする能力が減じられる。	質は、しばしばアウトプットの特定と結びついているが、結果として主観的測定で、すべての当事者を満足させるように定義することは困難である。	サービスを民間委託することは、雇用リスクを第三者に移すことにかかわる。契約価格は、しばしば労働コストの削減に基づき予測されている。
契約に対する長期のコストが存在するかもしれない、例えば、最初の契約費用には計上されていないところで、サービスの変更、新しい需要が発生する。	依頼者による達成管理は、契約者を管理する意図しない結果として、日々の業務達成管理を依頼者側に戻すことができる。	契約は、提供の様式または質基準／期待を固定する。もし公衆の期待または依頼者側の要求が変化すれば、柔軟性の欠如が契約に影響を与えるであろう。	アウトソーシングされた契約においては、調達や供給の解決に対する影響力は、公的セクターではなく、契約者にかかっている。このことは、地域経済からの漏出を作る地域経済支出に影響力をもち得る。
契約の取り決めを維持することをより高額にするように公共政策が変わるかもしれない。例は、リサイクル収集であろう。	達成管理は達成の期待を満たすための変化がいっそうのコストを生む最初の契約に対する変化と考えられるかもしれないので、コストを追加することができる。	予算配分がサービス契約に確保される場合、資源配分において柔軟性を欠く。このことは、次なる行政において、過去の政治的優先事項に結びつけられる。	公的団体は、福祉価格のような領域において、社会正義の結果を反映するためにそのアプローチを変えることを選ぶかもしれない。これらの問題は、典型的には契約において事前に合意されていることが必要であり、そうすることが常に可能とは限らない。

出所：APSE, *Rebuilding Capacity* (2019), p.15.

(2)　アウトソーシングに対する経済界の反応

　行政サービスのアウトソーシングに関して特に注目しておきたいものは、2018 年 6 月の CBI（Confederation of British Industry）の報告書です[6]。CBI はわが国の経団連に相当する組織といってよいでしょうが、イギリス経済界は、コスト重視のアウトソーシングとは一線を画しています。それは必ずしも意外なことではなく、ブレア（Blair）政権により廃止された官民強制競争入札制度（Compulsory Competitive Tendering: CCT）にかかわって、CBI は市場化テストにおける

「価格競争」に批判的な見解をとっていました[7]。2018 年の CBI の報告書も、「価格競争」について同様に批判的な見解を明らかにしているわけです。

　CBI の報告書は、次のように、政府の政策への言及をしています。まず、政府は、調達チームが質、サプライチェーンへの影響や雇用や技術のような諸要素を考慮することを含む、費用のみではない側面をみることを確保することを意図して、2016 年のバランスがとれたスコアカード（Balanced Scorecard）のアプローチ（ガイダンス公表）を開始したことに言及します[8]。また、自治体レベルにおいて、2012 年公共サービス（社会的価値）法（Public Service (Social Value) Act）によって、地方自治体が、公共サービス契約を締結するとき、経済的、社会的および環境上の福利を考慮することを求められることを紹介しています。

　しかし、それらの意図が実現していないことを問題とするわけです。CBI によって調査された 5 つに 1 つの（つまり少数の）企業が、バリュー・フォー・マネー（value for money）に対する入札者の能力が、実際に契約が与えられる主な理由になっていると信じていたとします。企業の 3% のみが社会的結果が現在決定的要素であるとし、ちょうど 2% の企業がそれはサービスの質であると信じるにすぎません。その代わりに、相当数の契約において、ほとんど唯一のものとして費用に焦点を当てることが、どの入札が勝つかを示しているとする強力な証拠が存在するとしています。CBI によって調査された 60% 強の企業が、最初の入札価格が最も低いことが公共部門の調達チームによってなされる決定に最も影響する要素であったと信じていました。このことは、政府が調達チームに、そのアプローチを費用を超えたところに移行することを促進する政策をとっているものの、これらが望ましい影響をもたらさないことを示唆しています。さらに、あまりにも頻繁

に、短期の費用削減に焦点を当てることが、プロジェクト期間全体の費用をより高額にすることへとまた通じることを指摘しています。

2) アウトソーシングの問題事例と国民の信頼の低下

⑴ 個別の問題事例と国民の信頼の低下

　自治体に限らず、国のレベルも含むものですが、一般的に、アウトソーシングの個別事例において、社会的関心となる問題事例が発生しており、そのことがアウトソーシングに対する国民の信頼の低下を招いています。

　まず、個別の問題事例として、Institute for Government があげているものを示したものが、表2-2です。

　行政サービスのアウトソーシングを受託している有名な大規模企業が社会的関心を引き起こす問題事例を発生させていることがわかります。その結果、アウトソーシングに対する国民の信頼は大きく低下してきているわけです[9]。2014年の世論調査においては、行政サービスを提供するためにアウトソーシング企業を信頼するかという問いに対して、国民の約3分の2が信頼していないとし、さらに15%がわからないとしていました。また、Ipsos MORI による調査は、いかなる状況においても、民間企業は行政サービスの提供にかかわるべきではないと考える国民の割合が、2001年における4分の1から2018年における3分の1へと増加したことを示しています。さらに、2015年の調査は、国民の3分の2が契約はもっと透明なものとなるべきであることを示していました。

⑵ カリリオン社の経営破綻と政府の政策

　このような個別問題事例だけではなく、2018年1月にカリリオン社（Carillion）が経営破綻し、清算型倒産手続がとられ、2019年3月にインターサーブ社（Interserve）が再建型企業倒産手続に入り、かなり

表 2-2　アウトソーシングの個別問題事例

問題発生年月	問題事例の内容
2012 年 7 月	G4S（民間軍事・警備会社）が契約した警備員を提供することができなかった後、3,500 人の兵士がロンドンオリンピックに召集された。
2013 年 7 月	G4S とセルコ（Serco）が刑務所に戻された、国を離れたまたは死亡すらした電子タグを付けられた犯罪者について請求したという主張に対する調査が開始される。
2014 年 1 月	キャピタ（Capita）が裁判所翻訳サービス契約の業績不振のために、数千ポンドの違約金を課せられる。
2014 年 3 月	エイトス（Atos）が以前の判断の 3 分の 1 が逆転された後の労働能力評価を提供する契約から引き下ろされる。
2015 年 9 月	G4S が、拘留者が屈辱的な仕方で扱われたという懸念を受けて、若年犯罪者施設を運営する契約を失う。
2016 年 4 月	17 の民間建設のエジンバラの学校が建設中の安全性を欠く欠陥の発見により閉鎖される。
2017 年 9 月	G4S の移民退去センターの調査が「混乱、無能力と申し立てられた暴行を含む虐待」を明らかにする。
2017 年 9 月	キャピタが 10 年契約のわずか 3 年で、キーとなる生活基盤事業を運営する 4 億ポンドの契約を打ち切られる。
2018 年 7 月	司法省が計画よりも 2 年早く民間保護観察提供者の契約を終了することをアナウンスする。
2018 年 12 月	会計検査院がキャピタが 2012 年以来毎年平均 30％ 近く、軍人の採用目標を達成できなかったことを明らかにする。
2019 年 4 月	司法省は、検査が受刑者や職員にとって「基本的に安全性を欠く」ことを発見してから、G4S が運営するバーミンガム刑務所を直営に戻す。

出所：T. Sasse et al., *Government Outsourcing: What Has Worked and What Needs Reform?* (Institute for Government, 2019), p.17.

包括的な問題を発生させています[10]。

　特にカリリオン社が経営破綻したときに、庶民院の行政憲法委員会報告書は、公共部門と 420 件の契約を締結し、また、地方自治体協会（Local Government Association）は、30 自治体および 220 学校がカリリオン社の経営破綻によって直接に影響を受けたと計算していて[11]、カリリオン社の経営破綻により、アウトソーシングされた行政に関して、多くの報告書が公表されていることが庶民院図書館の報告文書

（ブリーフィングペーパー）でも明らかにされています[12]。そして、その報告文書においては、それらの報告書において重視されている点の1つとして、先に触れた2012年公共サービス（社会的価値）法の目標に対する新たな強調といったことがあげられていることも注目されます。

　こういった営利企業の破綻等の背景には、2010年以降の行政サービスのアウトソーシングを受託する企業の収益性が低下してきていることがあります。これらの企業は短期間の内に急成長し、専門性が低い分野にも進出してきています。他方で、2010年以降の政府のアウトソーシングに対するアプローチも現状に影響しているとされます。政府は、次第に利益が低く、リスクが高い市場をつくり、サービス提供者にリスクのある行動を促してきたとされるわけです[13]。先に紹介したCBIの報告書も、調査した3分の1以上（37%）の企業が、政府のリスクの扱いは、2015年以来、悪化しており、ほとんど半分のものがこの期間にいかなる改善もないとしています。多数のサービス提供者は、リスクの高レベルが公的契約に応札することを妨げ、刷新をすることを妨げるもっとも大きな要素であると述べたことが紹介されています[14]。

2　行政サービスのインソーシング

1)　アウトソーシングの縮小とインソーシングの拡大

(1)　アウトソーシングの縮小

　アウトソーシングの状況について、2018年のNLGN（New Local Government Network）の報告書をみておきます[15]。まず、Ipsos MORIとBrowne Jacobsonによって行われたわずか7年前の2011年の調査は、自治体における民間セクターへのアウトソーシングへの支

持を示していた上級管理者の85％がサービスごとの基礎にサービスをアウトソーシングし、35％が大規模なアウトソーシングや再編を検討していると報告していました。これに対して、2018年段階のNLGNの調査は、アウトソーシングへの自治体のスタンスは、限界に達しているかもしれないことを示しているとします。自治体のリーダー幹部や市長に今後2年間のアウトソーシングの計画について尋ねたところ、約半分が変化なしとする一方で（46％）、相当な数がアウトソーシングをより少なくすると示唆し（39％）、15％のみが近い将来のアウトソーシングの増加を予想しているにすぎないからです。

　これらの結果は、最近の支出の分析によっても支持されているとされます。すなわち、自治体は、2017年1月から6月に1億2600万ポンド支出しているのに対して、2018年1月から6月に7700万ポンドを支出しているにとどまっているのです。

⑵　インソーシングの拡大状況

　他方で、APSEの報告書を基にしてインソーシングの拡大状況について簡単に触れておきます。まず、2009年の報告書では[16]、50の事例があげられ、多数が保守党支配の事例であることが示されました。また、2011年の報告書では[17]、140の自治体の職員や公選議員の回答者から、87の事例が紹介され、57％がサービスをインソーシングしたか、そうすることを検討していることが明らかにされました。さらに、2017年調査では、73％がサービスをインソーシングしたかまたはインソーシングの過程にあったことが明らかになっています。

　2017年調査の詳細は、先に触れた2019年の報告書からは必ずしも明確ではないことから、APSEから基礎となる2017年の調査データを送っていただきました。その内のいくつかの調査データを以下の**表2－3**から**表2－6**で紹介します[18]。

表2-3 サービス提供計画について、サービスのインソーシングを検討したまたは
　　　していますか（回答180）

選択肢	％	数
サービスをインソーシングしたことがある。	45.00	81
サービスをインソーシングする過程にある。	11.67	21
インソーシングを検討している。	16.11	29
インソーシングを検討したことはなく、検討していない。	5.56	10
サービスをアウトソーシングしたことがない。	8.33	15
公的提供者、民間提供と第三セクター提供者を用いるサービス提供に対する多元的アプローチをとっている。	31.67	57
その他	3.33	11

出所：APSE の 2017 年調査より。

2)　2017 年段階における自治体レベルのインソーシングの状況

⑴　インソーシングの検討・実施状況

　APSE の 2017 年調査には 208 件の回答がありますが、問いによって
実際に回答があった数は異なっています。

　まず、インソーシングの検討状況を示したものが表2-3です。回答
者の約 73％ がサービスのインソーシングを検討する過程にあったし、
45％ がすでに完全にインソーシングの検討過程を完了したというもの
となっています。多数の自治体において、インソーシングを意識して
いることがわかります。

　次に、行政サービスの種類別のインソーシングの見込みを示したも
のが表2-4です。建物維持（住宅および非住宅修繕サービス）が最も
通常の領域で 27.34％ をしめ、それに接近して、21.09％ が廃棄物収集、
公園、広場およびグラウンド維持が 17.97％、そして建物清掃が 13.28
％ となっています。これらは住宅政策を反映したものであり、自治体
から一定の距離を置いた（Arms-Length）管理組織（ALMO）がブレ
ア・ブラウン（Brown）政権の下で設立され、住宅の修繕や維持管理

表2-4　どのサービスにインソーシングが検討されていますか
　　　　または行われていますか（回答128）

選択肢	%	数
建築、建物およびデザイン	11.72	15
アートギャラリー、博物館および図書館	4.69	6
建物清掃	13.28	17
建物維持管理（住居および非住居）	27.34	35
駐車（路外駐車場および路上駐車場）	7.03	9
給食（学校、市民への仕出しおよび福祉）	9.38	12
墓地および火葬場	7.81	10
コミュニティの安全	3.91	5
経済開発	3.13	4
教育	7.03	9
環境衛生	7.03	9
執行活動	4.69	6
道路および／または除雪維持管理	10.94	14
住宅（ALMO のインソーシングのような管理）	10.16	13
レジャー、リクレーションおよびスポーツ	7.03	9
公園、広場およびグラウンド維持管理	17.97	23
計画	4.69	6
警察サービス	0.00	0
政策・達成室（policy or performance unit）	3.13	4
街路清掃	9.38	12
街灯	8.59	11
社会サービス	7.03	9
観光	1.56	2
取引基準	4.69	6
運送、車両および自転車維持管理サービス	10.94	14
廃棄物収集	21.09	27
廃棄物処理	7.03	9
その他	13.28	17
適用なし	13.28	17

出所：同前。

サービスのアウトソーシングへとつながったものの、近年公営住宅の建設や投資への制限が続き、これらの組織を自治体へと戻し、そのことが住宅管理と並んで、建物の修繕や維持管理サービスのインソーシングを引き起こしているとされます。また、廃棄物収集も、リサイクル率を改善し、埋立を減少させる自治体への圧力が、契約が特定された収集方法に限定され、特定のリサイクルの方向に向けられているとき、契約をもはや目的には適合しないものにし、目的達成がより困難になっているとされます。

(2) インソーシングの理由と長所

これらのインソーシングを行う理由を示したものが表2-5です。行

表2-5 サービスのインソーシングのための主な理由は何ですか (回答104)

選択肢	%	数
財政緊縮予算／外部契約に基づく支出を削減する必要性	45.19	47
財産または資産の使用を合理化する能力	17.31	18
環境／気候変動という理由	2.88	3
市場の失敗／会社破産または会社の再建・清算	9.62	10
サービスの質を改善する必要性	54.81	57
サービスの効率性を改善する必要性	61.54	64
依頼人のモニタリング／契約管理時間と費用を減少させる必要性	21.15	22
外部契約に対するサービス利用者の不満	23.08	24
外部契約者に対する依頼者（自治体）の不満	33.65	35
契約の期間終了	39.42	41
より柔軟なサービスをもつ必要性	43.27	45
政策需要の変更	12.50	13
より多くの弱者の市民やサービス利用者の需要に応える必要性	7.69	8
異なる自治体部局を超えてより良くサービスを統合する願望	31.73	33
その他	6.73	7

出所：同前。

表 2-6　インソーシングの主な長所は何だと考えますか（回答 104）

選択肢	%	数
より大きな効率性	64.42	67
収入を自治体に生み出すためにサービスを商品化する能力	48.08	50
質の改善	59.62	62
より大きな柔軟性	77.88	81
サービスのより簡略な管理	59.62	62
より簡略なサービス提供	50.00	52
より大きな地方のアカウンタビリティ	50.96	53
職員に対するより良い労働条件	27.88	29
改善された職員のやる気	37.50	39
その他	4.81	5

出所：同前。

政サービスのインソーシングの最も引用された理由は、効率性の改善とサービス費用の削減です（61.54％）。これにサービスの質を改善する必要性が続きます（54.81％）。財政緊縮の結果として契約支出の削減（45.19％）と直営によるより大きな柔軟性（43.27％）も大きな理由となっています。興味深いことに、約40％ 近くにおいて、契約が終了することがインソーシングの理由となっていました。インソーシングの少数の事例において、何らかの形態の訴訟につながったこともわかっています。詳細なケーススタディの少なくとも１つにおいて、契約者が、それは継続するにはもはや利益があがらないことから、サービスを積極的に戻すことを選んでいました[19]。先にも少し触れましたが、効率性や費用の削減がアウトソーシングではなく、インソーシングの理由とされていることは、わが国との比較では興味深いものです。
　インソーシングの理由にも関連していると思われますが、行政サービスがインソーシングされた場合の長所を示したものが表2-6です。この質問に対する回答者の数は 104 にとどまっていますが、最も多か

った長所は「柔軟性」であり、77.88％となっています。それに続いて、サービスの質の改善と簡略化された管理がともに59.62％です。他方、職員の労働条件については、27.88％と一定割合が長所としているものの、他と比べて必ずしも大きな長所として考えられていないことがわが国との比較では注目されます。

　また、表にはしていませんが、契約規模は、100万ポンドから400万ポンドが18％、400万ポンド超が21.15％と、比較的規模が大きなものも少なくありません。契約規模はインソーシングを決定する点でキーとなる影響をもつようにはみえませんが、効率性に関して、明らかにより大きな契約は、より大きな節約の余地を提供すると考えられます。

　次は、インソーシングによって費用が増えるかです。多数の者（58.82％）は、インソーシングは、費用を増加させないとしています。不明とする者も多く（30.39％）、費用増加を回答する者はかなり少数となっています。

　反対に、インソーシングによる節約や効率性の改善です。ここでも不明とする者が多いのですが（50.00％）、具体的な数値をあげた者の中では、年2万5000ポンドまで節約することになるとするものが10.78％と最も多く、4.90％は年に100万ポンドまで節約することになるとし、さらに、2.94％は年200万ポンドまで節約していると回答しています。インソーシングによって費用増加ではなく、費用節約となっている状況をみてとることができます。

(3) インソーシングの組織形態と職員

　まず、インソーシングされたサービスはどのような組織に戻るのかですが、これは圧倒的多数が、自治体の直営へと戻っています（79.61％）。また、職員に関して、多数の場合において自治体に移籍するものの（72.63％）、少数の場合において職員の移籍はありませんでし

た（10.53％）。さらに、職員がインソーシング制度の下で移籍する場合、移籍した者の従来の労働条件を保護し、情報提供と協議を義務づけている営業譲渡（雇用保護）規則（Transfer of Undertakings (Protection of Employment) Regulation: TUPE）が多数の者に適用されます（76.09％）[20]。移籍する職員数は、相当に多様であり、9.57％は250人以上の職員が直営サービスに移籍することを示していますが、10人未満の職員が14.89％、10人から20人が8.51％、20人から50人が17.02％、そして、50人から100人が9.57％となっています。

　そして、移籍された職員のために考慮されたまたはされることとして、自治体年金制度への加入が最大の問題となっており（64.77％）、労働条件への調和（63.64％）や給与レートへの調和（52.27％）がそれに続いています。

⑷　インソーシングを行う自治体の政党支配状況

　最後に、行政サービスがインソーシングされるまたはサービスをインソーシングする決定の段階で、自治体の政治的コントロールはどのようなものかが確認されています。保守党と労働党という2つの政党の間のインソーシングの量の間に大きな相違はなく、インソーシングをする自治体の35.56％は、インソーシングの時点で保守党支配であり、42.22％は労働党支配です。おそらく、これは、財政制約の増加する圧力を感じている自治体レベルにおけるすべての政党の自治体の財政緊縮予算の反映です。実際、すべての政党代表の間には、驚くべき統一性が存在するとされています。

　すでに以前のインソーシングの調査でも同様の結果が出ており、政党を考えても、その内容を考えても、インソーシングがイデオロギーに基づくものではなく、プラグマティズムに基づくものであることがわかります。

3) 「社会正義」への注目と「標準としてのインソーシング」

⑴ 「社会正義」への注目とインソーシング

APSE の報告書で注目したいのは、イギリスのインソーシングについての「社会正義」への言及です。すでに、アウトソーシングの予期しない結果の中で「社会正義」に触れられていましたが、次のような説明がなされています[21]。

いくつかの事案においては、インソーシングは、永続的な応答ではありませんでした。アメリカでは、Warner がアメリカの自治体において、自治体マネージャーは、アウトソーシングへの反対を管理する能力を高めていることを示唆しています[22]。インソーシングは、ある意味で、再定義されたサービスの提供の直営モデルへの確固とした移行としてよりは、アウトソーシングの決定と結びついた単なるサイクルの過程としてみられ得ることになります。反対に、いくつかのイギリスの自治体は、「社会正義」の理由からインソーシングのアプローチを採用してきたようにみえます。イギリスがギグエコノミー（インターネットを通じて単発の仕事を受注する働き方や、それによって成り立つ経済形態）の成長に直面するにつれて、アウトソーシング契約に基づく公共サービス労働者は、しばしば地域経済、職や賃金を助けるために介入の力が及ばないとされます。具体的な自治体の事例として、多数の日本人サッカーファンもその観戦に訪れるアーセナル（Arsenal）のスタジアムがあるイズリントン（Islington）区への言及がなされています。

イズリントンにおける「社会正義」を理由とするインソーシングの事例を少し詳しくみておきます[23]。イズリントンの人口は、約 21 万6000 人であり、その 3 分の 1 の世帯は貧困な生活を送っているとされます。2000 年における教育サービスの達成水準の低さがアウトソーシングにつながり、また、住宅修繕維持、廃棄物収集を含む街路サービ

ス、ごみ拾い、グラウンド維持、建物清掃を含む一連の他の行政サービスがアウトソーシングされました。

漸進的なインソーシングの他の事例とは異なり、イズリントンの政治的指導者は、サービスのインソーシングの積極的な指針を設定しました。2010 年に、インソーシングが選挙公約にかかげられ、イズリントン公正委員会（Fairness Commission）が住民の財産と人生の可能性が改善され得る方法を考察するために設置されました。公正委員会は、インソーシングを主導する組織として設置されたのではなかったのですが、すぐに、政治的指導者には、特にロンドン生活賃金（Living Wage）の支払いを保障する点で[24]、「社会正義」の結果と直接雇用モデルとの間に密接な関係があることが明らかになったとされます。イズリントンの低賃金は、公正委員会によって、居住者の多くの貧しい結果について自明のものと確認されています。イズリントンのインソーシングプログラムによって、1400 人以上の第一線職員に、より良い労働条件が確保され、ロンドンの生活賃金労働者として、そして高度の雇用条件のためにロンドン市長の「良好な労働基準」を達成する最初のものとして、自治体は、職員に対して、健全で、公正で、包括的な職場を提供すること約束しています。

このイズリントンの例では、「社会正義」の内容として雇用が中心となっているようですが、その内容については自治体ごとに相違があり、例えば、アカウンタビリ確保や地域経済の活性化と結びつけて論じられることもあるようです。重要と思われるのは、「社会正義」というキーワードがそれらを支えるものとなっていることであり、先に触れた「社会的価値」と通じるものがあるように考えられます。

(2)　標準としてのインソーシング

また、自治体におけるインソーシングする行政サービスの対象・範囲にかかわる政策はさまざまです[25]。特定の行政サービスに限定した

インソーシングの他に、「標準（初期設定）としてのインソーシング（insourcing by default）」政策を採用し、数年間をかけてサービスをインソーシングしてきた自治体も存在します。上記で紹介したイズリントンにおいては、2010 年以降、次のように、行政サービスをインソーシングしてきました。建物清掃サービス（2010 年）、住宅管理（2012 年）、教育サービス（2012 年）、廃棄物とリサイクル収集、街路清掃とグラウンドの維持管理サービス（2013 年）、住宅修理サービスおよびガスサービスと維持管理（2014 年）、高齢者、障がい者および無職被介護者に対する「役に立つ人（Handy Person）」サービス（2014 年）、住宅コンシェルジュサービス（2015 年）、臨時の施設（2018 年）といったものです。これによって契約の 4 億ポンドが直営に戻り、1400 万ポンドが節約されたことが紹介されています。

　イズリントンのスタンスとして、自治体の標準の立場は、行政サービスはもしアウトソーシングがサービスの質と費用の点において、住民により良いものであることを示し得るものでない限り、直営で提供されるというものです。これは、後述する 2019 年の労働党選挙公約の「インソーシング・ファースト」へとつながるもののように思われます。

3　Brexit と行政サービス

1）　Brexit レファレンダムと行政サービス
　EU からの離脱（Brexit）を問うレファレンダムは、イギリスのみならずわが国でも注目され、その結果が離脱支持となったことも驚きでした。しかし、ここで注目しておきたいのは、Brexit それ自体の問題ではなく、Brexit 賛成票には、それを提起した当時のキャメロン（Cameron）政権への不満があったとの指摘です。キャメロン政権が

財政緊縮政策の下で、行政サービスを低下させてきたことへの不満がBrexit レファレンダムにあらわれたという理解です[26]。

　このような理解は、少なくとも日本人にはわかり難いものであるものの、同様のことは 2019 年の総選挙においても生じていたように思われます。2019 年総選挙においては、ジョンソン（Johnson）首相が率いる政権党である保守党と、コービン（Corbyn）党首率いる第 2 党の労働党が争い、結果として保守党が圧勝しました。その選挙の最大の争点は、十分予想できるように Brexit であり、その他の争点は副次的なものとなっていました。Brexit を除いて最も関心を集めたと思われるものは、行政サービスのあり方、特に民営化された公益企業の再公営化です[27]。それがどのように評価されていたのかをみておきます。

2)　2019 年の総選挙
⑴　労働党の「インソーシング・ファースト」の公約

　2019 年の総選挙の労働党の選挙公約は[28]、鉄道、郵便、水道およびエネルギーを公的所有（public ownership）にもたらし、公的な手にあることによって、商品ではなく権利として保障し、公的所有が国家的戦略的生活基盤事業の民主的コントロールを保障するといったことを述べていました。また、行政サービスに関しては、以下の公約を述べていました。行政サービスはアカウンタビリティを有するものでなければならない、行政サービスのアウトソーシングを支持する現在の推定を終わらせ、インソーシングを支持する推定を導入する、そして、順次 PFI 契約を取り戻すことによって、行政（パブリック）が奪われることをやめる、サービスが民間企業から調達される場合、企業は行政サービスのベストプラクティスの基準に従って査定されるというものです。

　「インソーシングを支持する推定」は、次のようなコミュニティの

富形成ユニット（Community Wealth Building Unit）の「インソーシング・ファースト（Insourcing-First）」といった考え方を公約にしたものです[29]。そのユニットは、地方の行政サービスをインソーシングすることに相当なメリットを有する7つの理由または理由群をあげています。すでに確認してきたことの繰り返しになる部分もありますが、それらを簡単にみていきます。

　第1に、インソーシングによる低額の費用を含むことです。もし必要であれば、自治体は、民間の提供者よりも安価なレートで費用を借りることができます。また、費用がより低額になる傾向がある他の固定した構造的な理由が存在します。自治体がサービスを提供する場合、多くのサービスは時が立つにつれて戦略的に結びつけられ、融合されます。直営での提供は、入札の必要がありません。アウトソーシングされるとモニタリングがより高額になりがちです。第2に、それに関連して、直営の提供は、（わが国の全体の奉仕者にも通じる）パブリック・サービス・エートス（public service ethos）（気風、精神）を含みます[30]。これは利益発生ではなく、公共善に使えるという動機付けがされています。これに結びついているのが、人件費を削減する必要性が低いことによる、より強固な労働者保護や賃金が利用できる可能性です。第3に、直営の提供は、異なる対象期間を含むことです。これはサービスの維持改善のより長期の見方への傾斜です。直営での提供は契約期間に限定されないので、これはより長期の知識の維持を育てます。第4に、自治体は、サービスのより大きな調和と統合を達成することができることです。それは、多数のサービスの提供者としての自治体の構造に内在するものです。情報は、地方のサービス提供を通して異なるサービスの間で容易に共有され（通常のプライバシーの保護に服し）、費用を下げ、より良いサービスに帰結します。第5に、直営の提供における規模の経済のための能力が留意されなければなり

ません。第6に、インソーシングされた提供は、民主的によりアカウンタビリティを有しています。これは、価値判断や印象の問題ではなく、法の問題です。自治体は、法の問題として、司法審査に服します。2000 年情報自由化法＝情報公開法（Freedom of Information Act）の対象となります。1998 年人権法（Human Rights Act）6 条の公的機関です[31]。第7に、直営の提供を通してより良いリスク管理の余地が存在します。サービスがアウトソーシングされたとき、自治体と民間提供者の間に情報の非対称性が存在します。

　労働党がインソーシングを提案しても不思議には思わないかもしれませんが、ブレア政権がアウトソーシングに積極的であったことを考慮すると、相当の変化があるものと考えられます。そして、このような評価も踏まえて、2019 年総選挙前に、「地方行政サービス法案（Local Public Service Bill）」として、「サービスの契約に基づく提供から自治体によるサービスの直接の提供へと復帰する」ものとしてのインソーシングが、関連ある契約が終了するか打ち切られた場合に、一定の例外を除いて、インソーシングされなければならないとして、「インソーシングを支持する推定」が検討されていたわけです。他方で、アウトソーイングされた行政サービスに関して、先に述べた情報公開法や人権法の改正による適用も検討されていました。

⑵　公益企業の国有化（国営化）・公営化に関する有権者の考え

　公益企業の再国営化・再公営化に焦点を当てた、2019 年の総選挙後の調査が公になっていますが、それによれば、以下のことが述べられています[32]。

　世論調査は、投票者の相当多数が、労働党の選挙公約において提案されたような、郵便、水道、エネルギー、鉄道およびバスの公益事業の国営化・公営化を支持しています。さらに、この多数は、すべての年齢層、地域、階層、所得、ジェンダやエスニシティを横断して一貫

しています。それはまた、政党の相違を超えており、保守党の投票者は鉄道と水道の公的所有を、自由民主党の投票者はエネルギー、バスと郵便の公的所有を支持しています。

　これは新しい「政治的合意」であり、それは、民営化されたサービスの継続的な経済上、運営上の問題点を背景に、労働党の政策と運動の結果として発達してきました。保守党すらもはや民営化の一般的な擁護はしていません。総選挙以来、新政権は、旅客鉄道運行事業の運営権であるフランチャイズに関して、路線ネットワークの距離の点でイングランドにおける最大のフランチャイズであるノーザン（Northern）レールのフランチャイズを国営化しました。他のセクターにおいて、新政権は、規制に依拠し続けるが、もし規制が有効でないことが続くならば、より大きな圧力の下に置かれるであろうと考えられます。

　このように、公益企業に関しては、労働党支持層に限らず、保守党や自由民主党の支持層も再国営化・再公営化の方向に踏み出しています。しかし、こういった状況は、それに限らず、行政サービスの「社会的価値」やインソーシングにおける「社会正義」にも同様の方向を見いだすことができると思われます。このことは、統計的に示すようなことはできないものの、APSEにおいて、インソーシングとの関連でAPSEが「社会正義」に注目していることや、経済界も価格競争を支持していないことについて質問した際に、上記の国営化・公営化に関する新しい「政治的合意」と同様の説明をお聞きし、この分野の専門家が新しい合意がつくられていると認識していることを感じました。

おわりに
──わが国への示唆

　わが国との関係で少しだけコメントをする前に、新型コロナウイル

スによるパンデミックの影響に簡単に触れておきます。例えばパンデミックは、多くの既存のアウトソーシングモデルが危機においては維持できないことを示してきたとされます。これは、サービスをインソーシングし、政府がリスクの責任を引き受けるために考えられるもう1つの理由を示しているわけです。新型コロナウイルスによるパンデミックの最初の数か月において、政府は、単にアウトソーシングしたサービスの提供を維持するために限られた措置をとったのみであったと評価されています。しかしながら、制限の長さやパンデミックの中期から長期の影響がより明らかになるにつれて、直接にサービスを提供することに踏み入るような、さらなる方策を考慮しなければならないかもしれないといった意見がみられることが紹介されています[33]。

　また、リバプール（Liverpool）の社会ケアサービスに関する見直し作業でも類似の認識が示されています。そこではインソーシングに対する主な異論として費用がありましたが、それは維持できるものではなく、それはサービス提供の費用ではなく、大人の社会ケアにおける財政的危機で資金提供やその欠如に関連しているとされています。また、民間セクターの労働条件は、低い給料、長時間労働、パートタイムへの切り替え、研修不足といった承認し難いものであることが明らかとされています。そして、そのセクターにおける大量の労働力不足があったことも紹介されます。インソーシングにとって費用より大きな問題は、民間ケア市場の断片的性質、自治体による能力の喪失やケアの要求の多様性でした。こういった背景に新型コロナウイルス感染症が広がり、状況をより深刻にしたことが分析されているわけです[34]。

　最後に、わが国との関係で少しだけコメントをしておきます。まず、上記に述べたように、イギリスでは、新型コロナウイルス感染症との関係で、行政の役割拡大が求められています。わが国においても、同様の要望は大きいと思いますが、安倍政権においてもそれを継承する

という菅政権においても、行政の役割を限定し、行政「改革」の名で、アウトソーシングを含めたその「縮小」が続いています。

　また、イギリスにおいては、行政サービスの提供における「社会正義」や「社会的価値」の重要性について、それらの力点には多少の相違はあるものの、こういったことが保守党や経済界を含め、共通の了解があることです。先に述べたように、インソーシングはプラグマティズムに基づくもの、つまり政策判断に基づくものであり、イギリスでは、国の政策においても、費用のみに焦点を当てるのではなく、より広い事項の考慮を求めるものとなっており、そのことが「社会正義」や「社会的価値」をより重視して、行政サービスをインソーシングすることへつながっているように思われます。わが国のように、費用に大きな比重を置き、それ以外の価値についてはほとんど考慮しないような行政サービス提供の評価方法は、かなり時代遅れです。自治体によっては、公契約条例や、情報公開条例の対象機関の拡大など部分的な努力は、その最初の一歩と考えられますが、さらに、より包括的な価値を考慮する政策の転換が必要です。

　さらに、イギリスにおいては、新しい「政治的合意」が生まれていますが、これは自然発生的に生まれたわけではなく、実践的な活動を通して成立してきたものであって、論争の場を変化させたものであることです。2019年の総選挙での敗北により（イズリントン・ノース選出の）コービンが労働党党首を降りたことによって、インソーシングの政策にどのような影響があるのかは今後を待たなければなりません。しかし、イギリスの調査として、APSEのほかにも、わが国の国公労連のような存在であるPCS（Public and Commercial Service Union）を訪れ、Cathy Cross氏と話をした際には、より一般的な公務・公務員制度にかかわる文脈ですが、これまで運動を展開してきたのはわれわれで、その運動によってコービンを押し上げてきたのであって、次

の総選挙を待つのではなく、運動を継続していくということを述べていました。その意味では、コービンの存在は大きいものであったとしても、インソーシングを含めた公務・公務員制度の転換はコービンにのみ依拠したものではないでしょう。わが国においては、国の政策の相違もあり、イギリスよりも政策転換にはより困難な点があることは否定できないものの、政策転換の根底には、地道なそれを求める運動の必要性があると考えられます。

注

1　榊原秀訓「インソーシング・行政民間化の反転とわが国の市場化テスト基本方針改定」季刊自治と分権 42 号（2011 年）62-69 頁。

2　榊原秀訓「自治体の規模権限の拡大と地方公務員による行政サービス提供の縮小」三橋良士明・村上博・榊原秀訓編『自治体行政システムの転換と法』（日本評論社、2014 年）22-29 頁。

3　2017 年の調査も活用して、以下の冊子が公表されています。APSE, *Rebuilding Capacity* (2019).

4　T. Sasse, S. Nickson, C. Britchfield and N. Davies, *Government Outsourcing: When and How to Bring Public Service Back into Government Hands* (Institute for Government, 2020).

5　APSE, *op.cit.*, n.3, pp.13-15.

6　CBI, *Partnering for Prosperity: CBI/Browne Jacobson 2018 Public Procurement Survey* (2018).

7　榊原秀訓「イギリス自治体における市場化テストの経験」榊原秀訓・家田愛子・尾林芳匡『イギリスの市場化テストと日本の行政』（自治体研究社、2006 年）72-73 頁。

8　Crown Commercial Service, *Procurement Policy Note 09/16: Procuring for Growth Balanced Scorecard* (2016).

9　T. Sasse et al., *Government Outsourcing: What Has Worked and What Needs Reform?* (Institute for Government, 2019), p.17.

10　*Ibid.*, p.18.

11　House of Commons Public Administration and Constitutional Affairs Committee, *After Carillion: Public Sector Outsourcing and Contracting*, HC 748, Seventh Report of Session 2017–19 (2018), para.1. カリリオン社の経営破綻については、岸本聡子「事例　世界各地で進む再公営化の流れ」岸本聡子・三雲崇正・辻谷貴文・橋本淳司『安易な民営化のつけはどこに』（イマジン出版社、2018 年）73-77 頁参照。

12　カリリオン社の経営破綻以降の報告書については、イギリス庶民院図書館の資料が詳しい。House of Commons Library, *Local Government: Alternative Models of Service Delivery*, Briefing Paper No.05950 (2019).

13　Sasse et al., *op.cit.*, n.9, pp.18–22.

14　CBI, *op.cit.*, n.6, pp.11~12.

15　T. Walker and S. Lawson, *From Transactions to Changemaking: Rethinking Partnerships between the Public and Private Sectors* (NLGN, 2018), pp,21-22.

16　APSE, *Insourcing: A Guide to bringing local authority services back in-house* (2009).

17　APSE, *Insourcing Update: The Value of returning local authority services back in-house in an era of budget constraints* (Report by APSE for UNISON, 2011).

18　調査の分析については、Mo Baines Hulston, *Rebuiding Capacity: The Case for Insourcing Public Contracts* (2019), Appendix 2 Secondary Date Analysis を参照しました。

19　Institute for Government の報告書は、インソーシングがプラグマティズムに基づくものとして、費用削減、質の改善、より良い職員の労働条件、地域経済の活性化、より大きな柔軟性、統合されたサービス、サプライチェーンの効率性、減少した管理費、改善された契約管理といった理由をあげています。Sasse et al., *op.cit.*, n.4, pp.25-26. また、インソーシングがプラグマティズムに基づくという指摘は、これまでのインソーシングに関する文献や調査結果においても共通しています。

20　TUPE については、榊原秀訓「比較の中の行政民間化」三橋良士明・榊原秀訓編著『行政民間化の公共性分析』（日本評論社、2006 年）60-62 頁、榊原秀訓「行政民間化に伴う基本理念の変容と基本制度への法的対応」同編『行政サービス提供主体の多様化と行政法―イギリスモデルの構造と展開―』（日本評論

社、2012 年）9-13 頁等参照。

21　APSE, *op.cit.*, n.3, p.17.

22　APSE 報告書は、以下の論文をあげています。M. Warner and A. Hefetz, "Insourcing and Outsourcing: The Dynamics of Privatization among U.S. Municipalities 2002-2007" (2012)78(3) *Journal of the American Planning Association* 313. Warner の業績に関しては、榊原・前掲注（2）35 頁注（68）等参照。

23　APSE, *op,cit.*, n.3, pp.41-43; Islington Resources Department, *Consultation on Corporate Insourcing Policy* (2019) (https://democracy.islington.gov.uk/); Islington Council proposes 'in-house by default' Policy to deliver quality value (https://www.islington.media/news/).

24　ロンドン生活賃金については、岸道雄「ロンドン・リビング・ウェイジに関する一考察」立命館大学政策科学 20 巻 2 号（2013 年）25-39 頁、同「イギリスにおける生活賃金の現状と日本への示唆」地域情報研究（立命館大学地域情報研究所紀要）5 号（2016 年）138-150 頁等参照。

25　Sasse et al., *op.cit.*, n.4, pp.16-17, 27.

26　ブレディみかこ『労働者階級の反乱』（光文社新書、2017 年）。

27　イギリスの再公営化に関しては、岸本聡子『水道、再び公営化！』（集英社新書、2020 年）の第 5 章「再公営化の起爆剤は市民運動」を参照。

28　Labour Party, *It's Time for Real Change* (2019).

29　Labour Party, *Democratising Local Public Services: A Plan for Twenty-First Century Insourcing* (2019).

30　パブリック・サービス・エートスについても、繰り返し説明してきましたが、簡単に述べれば、「公務員が、公平で誠実に活動し、住民の信頼を得て、平等なアクセスを保障し、政治部門に責任を負い、公益のために尽くして、行政サービスを提供する」といった内容をもつもので、基本的な発想はわが国の「全体の奉仕者」と類似したものと思われます。榊原・前掲注（20）「行政民間化に伴う基本理念の変容と基本制度への法的対応」3-8 頁等参照。

31　アウトソーシングにかかわる情報公開法と人権法の適用の詳細は、榊原・前掲注（20）「行政民間化に伴う基本理念の変容と基本制度への法的対応」15-28 頁参照。

32　D. Hall, *The UK 2019 Election: Defeat for Labour, but Strong Support for*

Public Ownership, PSIRU Working Paper (2020).

33　Sasse et al., *op.cit.*, n.4, p.26.

34　*Who Cares?: Reinventing Adult Social Care: Insourcing and Restoring the Public Good* (2020) (prepared by a Scrutiny Panel established by the Social Care and Health Select Committee of Liverpool City Council).

第 3 章

イギリス流「社会」依存の行政サービス提供とインソーシング

大田直史

はじめに
——ボリス・ジョンソン首相の言う「社会」

　新型コロナウイルス感染症の治療を終えたイギリスのボリス・ジョンソン首相が、2020 年 3 月 29 日、自宅隔離療養中にビデオメッセージのなかで「社会というものがまさに存在する（there really is such a thing as society）」と発言したことが、新自由主義政策を推進した故マーガレット・サッチャー元首相の 1987 年の演説における「社会のようなものは存在しない」という有名な言葉を否定するものとして注目されました。ジョンソン首相のこの言葉は、NHS（国民保健サービス）を辞めていた 2 万人の医療関係者が NHS に戻って、75 万人のボランティアとともにコロナ感染症の治療にあたったことへの謝意を述べる文脈で語られ、元首相の「個人のみがある」という個人主義的言葉を否定するもののように読めなくもありません。

　しかし、ジョンソン首相がどのような「社会」の存在を肯定したのか、新自由主義と矛盾するものか見極める必要があります。先に結論を述べるならば、ジョンソン首相の「社会」は、民間企業、慈善団体、

ボランタリ・セクター、コミュニティ、等々、政府や地方自治体に代わって、行政サービスの担い手となりうるもののことで、その存在の肯定は行政サービスへの市場原理導入を進めた元首相の考え方と矛盾するどころかそれを発展させたものであると言えるでしょう[1]。NHSを守るという方向を明確にしたという点以外では、同首相が保守党の政策を根本的に転換したという評価は少なくとも過大評価であるように思われます[2]。

　本章では、イギリス政府が2010年以降、国の財政赤字を解消するために行ってきた徹底した緊縮財政の結果、行政サービス全般が直面している問題とその穴埋めをイギリス流に地方自治体を跳び越して「社会」への権限移譲等によるエンパワで動員して果たそうとしてきたことが「夢物語」[3]に終わり、行政サービスの民営化・民間委託がひたすら進んでいるわけではなく、インソーシング・内部化が選択肢として浮上していることを明らかにしたいと思います。

　イギリスでは17世紀に遡ってチャリティをはじめとするボランタリ・セクターの公益活動を法的に位置づけてきた伝統のある国であり（1601年の公益ユース法 Statute of Charitable Use 1601）、現在も50万に及ぶボランタリ・セクターが活動していると言われているところです[4]。そのようなボランタリ・セクターをはじめとする市民社会の活動を、行政サービスに動員しようとする政府の政策は、1960年代以来さまざまな形をとって推進されてきました[5]。2010年の保守党・自由民主党連立政権発足以来とられてきた社会動員の政策は、緊縮財政推進による行政サービス切り捨てを補うためにとられてきました。イギリスの行政改革は、日本の行政、地方行政の改革のモデルとして参照されてきました。行政サービスについて、どのように社会を動員しようとしてきたのか、そしてなぜインソーシングが始まっているかをみておくことは、ジョンソン首相の言う「社会」の意味を明らかにす

58

るだけではなく、日本の地方行政や地方自治の将来像を考える上でも重要な意味を有するように思われます。

1　10年間に及んだ緊縮財政

1)　緊縮財政と「大きな社会」行動計画

　緊縮財政（austerity）とは、公共支出の持続的削減と増税によって、政府の赤字財政と福祉国家の役割を減らそうとするプログラムのことをさします。連立政権のキャメロン首相は、2010年7月19日の保守党の年次総会における演説のなかで、G20のなかで最大の赤字を抱えるイギリスにとってその解消は政府の「義務」に属する仕事であるのに対して「大きな社会」の実現は首相の政治家としての「熱望」であると語り、緊縮財政の推進と「大きな社会」行動計画とを新政権の政策の柱として示しました。これに対して、地方自治体・医療関係労働者の労働組合全国組織ユニソンの総書記デイヴ・プレンティス氏は、「大きな社会」行動計画について「政府は行政サービス提供から手を引いて、ボランティア団体を安上がりの代替品として使おうとするものに過ぎない」と批判していました[6]。

　両者は密接に関連して展開されますが、そのことは2015年秋の財政支出レビューを控えて、キャメロン首相が行った次のような「よりスマートな国家」（smarter state）に関する演説により明確に示されています[7]。すなわち、「よりスマートな国家」は、「改革」、「権限移譲」および「効率」の3原則によって導かれ、「赤字削減と機会のある社会の実現は二者択一ではない。それらは相互に補完しあえる。なぜなら、われわれはよりスマートな国家によって、少なく支払ってより多くを提供できるからである」と述べていました。

　国家財政の赤字を解消する政策としての緊縮財政の妥当性について

は議論があります。イギリス国民の間では、削減対象となる公費支出が労働者に関連するサービスを中心とし、国会議員と関係のある企業向けの支出等は対象から外されているなどとして反対運動も根強く行われました。2011 年には労働組合会議（Trades Union Congress: TUC）が呼びかけて 25 万人から 50 万人が集まったと言われる 2011 ロンドン・反緊縮抗議集会（2011 anti-cuts protest in London）[代替案のための行進（the March for the Alternative）]を皮切りに毎年のように抗議集会が開かれ、反対の世論も一定の広がりがありました。緊縮財政は、連立政権以後の政府の一連の財政に関する措置の便宜的な根拠として用いられてきたとの指摘もあります[8]。

2） 緊縮財政が地方自治体に及ぼした影響

　国・地方の公共支出を削減する政策が連立政権とその後の保守党政権とで 10 年間にわたって継続され、その間に 2016 年 6 月に行われた Brexit の国民投票の結果に基づく EU からの離脱問題はイギリスの政治に大きな混乱を生じ、さらにその後にこれは主に独立の全国的組織である NHS の所管事項であるコロナウイルス感染の拡大への対応という問題を生じており、コロナウイルス感染拡大については地方自治体も含めてなお対策が継続中です。

　地方自治体協会（Local Government Association）は、この 10 年間の緊縮財政政策が地方自治体の行政サービス提供に対してもたらした主な結果を 2019 年の時点で次のようにまとめています。

・2010 年～2020 年の間に、自治体は政府の資金の 1 ポンドにつきほぼ 60 ペンスを失った（4 割に減った）。このことは地方自治体がそのコミュニティで提供するサービスに対して相当の影響を有する自治体資金の持続不可能な不足を生んできた。

・自治体は 2019-20 年度には 31 億ポンドの全体的な資金不足に直面し

ており、われわれは 2024-25 年度までに 80 億ポンドにまで増えると予想している。その圧力は、特に成人の社会的介護、子どものサービス、およびホームレス援助において深刻である。

・2018 年予算の特別資金提供は、われわれの来年度の地方サービスが直面する一定の圧力を緩和するための投資の要求に政府が耳を傾けつつあることを示すものであった。これには子どもの介護および成人の社会的介護のための 1 回限りの 6 億 5000 万ポンドと道路管理資金のための 4 億 2000 万ポンドを含むものであった。

・地方自治体はサービスを合理化し新たな運営方法を見つけることで財政的課題に対応してきた。550 の自治体間共有サービスがあり、累積効率節約で 8 億 500 万ポンドを達成してきた。

・政府が、2019 年の支出レビューを使って、地方政府にとって真に持続可能な資金提供を行うことが決定的に重要である。地方サービスに投資することは国民の繁栄、経済成長および全般的な健康と福祉にとってよいことである [9]。

これだけの緊縮財政による政府交付金の削減のもとで行政サービスは持ちこたえてきていますが、すでにここに地方自治体の合理化やサービスの共同化による対応も行われてきたことが述べられています。

これに対して、政府は、次にみるようにコミュニティに権利や権限を与えてエンパワして、その「大きな社会」や「市民社会」の力を動員して行政サービスを維持する政策を推進しました。社会をエンパワする政府の基本的な方向を示したのが「大きな社会（Big Society）」行動計画とその後継となる「市民社会戦略：すべての人びとのために働く未来」（以下、『戦略』といいます）[10] でした。いずれも「地方主義（localism）」、「分権（devolution）」、「権限移譲（delegation）」によって社会をエンパワし、その社会の力で行政サービスへの支出の削減を補うことを目指したものでした。このスローガンは日本での「地方

分権」や「分権」を想起させる言葉ですが、それとはかなり内容を異にしますので注意が必要です。イギリスの地方自治や地方自治体、行政サービス改革の最近の流れと「地方主義」や「分権」がどのような意味で使われてきたかをみておきましょう。

2　繰り返されてきた中央集権批判と地方主義

　現在の保守党政権は、2010 年の総選挙に際して、労働党の前政権による地方行政改革の進め方を中央集権主義として批判して、地方主義（localism）を推進することを基本に置いてきました。この地方主義は、2011 年に地方主義法（Localism Act）として法制化されました。そこで批判の対象とされた労働党政権は、それ以前の保守党政権の中央集権主義を批判して政権に就きました。すなわち、労働党は、1997年の政権獲得前夜、多くの地方自治体で与党の立場にあり、それまでの 18 年にわたった保守党政権が自治体のサービスについて強制競争入札制度を導入したことをはじめ、自治体行政に市場原理を持ち込む介入をおこなってきたことを「中央集権化」として批判し、自治体の権限強化、すなわち地方分権を公約していました。しかし、誕生した労働党政権は、保守党政権下で進められてきたニュー・パブリック・マネジメント（New Public Management）の行政改革を基本的に継承しました。労働党政権は、地方自治体の権限を強化し、その自由度を拡大することを約束しましたが、その条件として自治体行政の「現代化（modernisation）」を求め、それを中央政府による自治体への強力な介入によって実現しようとしました。特に、自治体が、住民のニーズを満たし、民営化・民間化による提供コストの削減を含むサービス提供の際の業績の継続的改善をベスト・バリュー（Best Value）実現の法的義務として課しました[11]。2002 年以後には総合業績評価

（Comprehensive Performance Assessment）を導入して（後に総合地域評価［Comprehensive Area Assessment]）、中央政府が定めた「指標」に基づいて達成すべき水準が定められ、中央の監査委員会が監査し、業績評価に基づいて全国の地方自治体を5段階にランキングして公表することで自治体の業績向上を促進し、その義務履行を強制する職務執行命令（mandamus）という法的手段まで導入しました。一方、労働党政権は、地方戦略共同組織（Local Strategic Partnerships）を通じて地域の諸課題を解決する地方自治体、ボランタリ・セクター（慈善団体、自助組織、コミュニティ）、企業等の公私協働の取り組みに巨額の補助金を投入し、一定の成果をあげました。しかし、改革の進め方の点で、中央政府による地方自治体の監督の位置づけが大きく、中央＝地方の関係を「現代化」することは等閑視され、地方分権は進展せず、皮肉にも中央集権主義的関係が強化される結果となっていました[12]。

　このような労働党政権下の地方行政の中央集権化を批判して地方分権を進め、かつ同時に財政赤字解消のため緊縮財政によって政府の公費支出を削減しながら、なおコミュニティの力に依拠して行政サービスを維持する方策として、保守党・自由民主党連立政権が打ち出したのが「地方主義」によって地域社会をエンパワすることで「大きな社会」を作る行動計画でした。

3　「地方主義」による「大きな社会」の失敗

1)　「大きな社会」行動計画

(1)　キャメロン首相の「大きな社会」

　2010年5月の総選挙で誕生した連立政権の緊縮財政によって切り詰められる行政サービスは、地方自治体にとって積極的な意義を有する

ようにみえる「地方主義」によって埋め合わせようとされました。「地方主義」は、保守党の2009年の緑書[13]に掲げられ、地方自治体に成長を促す権限と経済的インセンティブを与えることで、強く活力のある地方経済を基礎とする国民経済へと移行できると述べていました。保守党・自由民主党連立政権の合意文書[14]には、政権の5年間のプログラムを示し「コミュニティと地方自治体」に関する政策を掲げ、ウエストミンスター（イギリス議会をはじめ中央政府の官庁が集中する地区）から人びとへの権力の根本的な転換の時機であるとし、「われわれは、分権と民主的関与を促進し、地方の自治体、コミュニティおよび隣人や個人に新たな権限を付与することで、トップダウンの時代を終結させる」としていました。ここで、中央政府による集権的な政治を改めて「地方主義」とはいいながら地方自治体だけではなく、コミュニティ、個人等の社会への権限付与が語られ、日本の地方分権とは異なる意味が与えられていることがわかります。

　キャメロン首相は、大きな社会の要素と手法について次のように述べていました[15]。

　「大きな社会行動計画には3つの要素がある。第1に、社会的行動（social action）である。……政府は、新たなボランタリズム、博愛的行為、社会的行動の文化を涵養し、援助しなければならない。第2に、行政サービスの改革。われわれは金銭を浪費し、志気を削ぐ集権化した官僚制を排除しなければならない。それに代えて、より多くの自由を専門家に与え、行政サービスを、慈善団体、社会的企業、民間企業のような新しい提供主体に開き、多くのイノベーション、多様性と国民の要求への応答性を獲得する。第3に、コミュニティのエンパワメントである。われわれは活力あるコミュニティを創る必要がある。すなわち、自己の運命に責任を負い、結集して関与するならば、周囲の世界を形成できると実感できる近所の人びとを」。

この３つの目標を達成するための３つの手法を次のように述べています。

　「第１に、分権である。われわれは、中央政府から地方自治体に権限を移譲しなければならないが、そこで立ち止まってはいけない。さらに、それを下へと進めるべきであり、……コミュニティ、近隣および個人へと進めるべきである。

　第２に、透明性である。人々に社会の中でより大きな役割を果たさせようとするなら、情報を与える必要があるということは言うまでもない。〔略〕。

　第３に、資金を提供すること。……政府は、……より一般的に、民間資本を社会的事業への投資と結びつける上で決定的な役割を有する。すでに、社会的企業、慈善団体、ボランティア団体に仲介者を通じて融資するために〔休眠少額預金を活用して〕ビッグ・ソサエティ・バンクを創設することを述べた」16)。

　分権については、４つの自治体での先行的な試行（①カンブリア：コミュニティ・センターの再配置、再生エネルギー事業の建設、パブの買収、ブロードバンドへのアクセスの拡大、②ウィンザー・アンド・メイドンヘッド：公園予算を含む地域の支出の決定に対する市民の発言権、パリッシュ・カウンシルへの追加の権限移譲、③リバプール：博物館のボランティアの増員、近隣メディアとデジタルコンテンツの開発、④サットン：持続可能な運輸サービスの検討、青年事業の展開、「グリーン生活」チャンピオンの創設）について述べていました。

　ここで注意する必要があるのは、先のキャメロン首相の「よりスマートな国家」演説でも述べられているように、中央政府に集中した権限を「分権」するとはいうものの、権限移譲の対象には地方自治体もあがっていますが、それを跳び越えて、慈善団体、ボランティア団体や民間企業、近隣関係者、個人等とされている点であり、それらのも

のに権限を付与、すなわちエンパワをして、それらに対しては銀行の休眠口座の金銭を主たる財源として設立される銀行による資金提供も行って行政サービスの実施を担う「社会」の力を大きくすることが構想されていたという点です。

(2) **地方主義**（Localism）

「大きな社会」構築のための具体的な法的装置である、地方自治体の包括的権限とコミュニティの権利が、2011年の地方主義法（Localism Act 2011）に定められました。法案担当のコミュニティ地方自治大臣のグレッグ・クラークは、法案の趣旨説明で「権限は可能な限り低いレベルで保持されるべきである」[17]として、すでに触れたように地方自治体を超えて、慈善団体や近隣関係者等にまで権限を「下ろす」ことを述べています。

① 「地方自治体の包括的権限」？

地方主義法の第一の内容は、地方自治体の一般的権限（general power of competence）でした。地方自治体の権限のあり方を問題にしたという限りで日本の地方分権論と通ずるところがありました。同法の1条(1)項は、「地方自治体は、個人が一般に行えるあらゆることを行う権限を有する」と定めました。イギリスには、成文憲法がなく、地方自治体に立法に対しても対抗できる自治権が保障されているとはいえず、地方自治体には国の法律によって認められた範囲でしか自治権は保障されていません。しかし、従来法律によって実質的な自治権を保障することが試みられてきており、2000年、先の労働党政権の時代にも、地方自治法改正により、次のように地方自治体の包括的な権限が定められていました。

「2条　(1)すべての地方自治体は以下の各号のひとつ以上の目的を達成するために必要と考えるいかなることをも行う権限を有する。／(a)当該区域の経済的福祉の増進または改善／(b)当該区域の社会的福祉の増

進または改善／(c)当該区域の環境的福祉の増進または改善」

　地方主義法1条の包括的な地方自治体の権限規定が、この規定に何を付け加え、それとどのような違いがあるのか定かではありませんが[18]、この規定は特に、自治体その他の公的機関が行える事項とは異なるほかの一切の事項を包摂する表現をすることで、行政サービス提供のうえでのイノベーションを促進する趣旨であると解されています[19]。しかし、同法5条(3)項は、次のように定めて、この自治体の一般的権限が国の大臣の命令（行政命令）によって無力化されうることも定めており、地方主義法がその名称とは裏腹に地方自治体の自治権の承認や自治体への権限移譲を進めようとしたものではまったくないことは明白でした[20]。

　「国務大臣は、命令により、地方自治体が一般的権限を行使して、指定された、または指定された種類の事項を行うことを禁止する規定を定めることができる」。

　ただ、申し訳程度に自治権を拡張した点として、地方自治体の限られた財源であるカウンシル税について国の大臣が、上限を設定することができますが、住民投票の結果賛成が多数であれば上限を超える徴税を可能とすることも定められました[21]。

② コミュニティの諸権利

　権限を可能な限り低いレベルに移譲することは「コミュニティ・エンパワメント」ともいわれ、これらは無定形な「コミュニティ」の権利のとして次の3種類が地方主義法に規定されました。

1. コミュニティの挑戦する権利＝地域のコミュニティ集団、パリッシュ・カウンシル、および自治体の被用者が、地方自治体の行っているサービスの運営に対する関心を表明する権利です。この表明が受け入れられれば、挑戦する集団は特定のサービスを引き継ぐ調達の手続の一部として入札することが可能です。

２．コミュニティの入札する権利＝コミュニティ集団にコミュニティ
　　価値を有するものとしてリストに挙げられた資産について入札する
　　権利です。関心を表明したコミュニティ集団は、公開の過程の一部
　　として資産を購入する入札を行うための資金を募る限られた時間を
　　与えられる。この権利は、商店、パブ、およびコミュニティ・セン
　　ターといったコミュニティの施設で、公的所有のものとともに民間
　　所有のものも対象とします。

３．コミュニティの建築する権利＝コミュニティが、小規模の、場所
　　を特定した開発を行う権利です。コミュニティに、新しい住宅、商
　　店、事業所または施設を、通常の計画申請手続を経ることなく、ほ
　　しい場所で建設する自由を与えるものです。

　これらの新しい権利は、選挙された地方自治体に対する権限を地域
のコミュニティに与えるものでした。政府の進めた「地方主義」とは、
地方自治体から説明責任を負わない無定型のコミュニティ集団に権限
を移譲することでした。それは中央政府の地方自治体に対する不信と
地方の統治における自治体の主導的役割を軽視する姿勢を反映したも
のとみられています。地域のコミュニティが当該地域の統治において
より重要な役割を果たすようになることは正当と考えられますが、地
域において、コミュニティの集団や個人の熱意とエネルギーを発揮さ
せ、利用し、異なる利害の調整を行いうるものは地方自治体を置いて
ありません[22]。中央政府が地方主義の事業を推進するについて、コミ
ュニティ地方自治省以外の主要な省庁（財務省、教育省、内務省、保
健省等）の政策も当然地方自治体の権限に影響を及ぼすはずのところ
ですが、主管のコミュニティ地方自治省以外の地方主義の理解は十分
ではなく、協力も得られなかったのではないかと推察されています[23]。
また、この地方主義は、地方自治体の財政問題についてはほとんど等
閑視したままで、緊縮財政によって自治体による提供が困難となるサ

ービスを、コミュニティ、社会によって代替、補完させるための装置
を用意したものと考えられます[24]。

2)　「大きな社会」の失敗

　2015 年 1 月に、民間シンクタンク Civil Exchange の報告書（以下、
CE 報告といいます）[25] は、「大きな社会」行動計画に基づく施策の効
果を検証しました。CE 報告は、「大きな社会」が目標とした「国家や
市場を超えて社会の潜在能力を引き出す」ことは党派を超えて模索さ
れているとして、「行政サービスへの需要の高まり、リソースの削減、
そして本流の政治にますます関心を失っている社会の変化を考えると、
そうする必要性はより緊急のものとなっている」という立場から検証
しています。CE 報告の結論は、「大きな社会」行動計画の 5 年間の実
施が「より分断された社会を現出させている。次の政権が、より包摂
的で強力な社会の創造を本当に望むのであれば、大きな社会で機能し
なかったことから学ぶ必要がある」と指摘しています。「全般的な教訓
は所有と権限の問題である：すなわち、大きな社会は中央政府によっ
て制御される政策だった。しかし、真の大きな社会は、市民社会ととも
もに、国は促進するが命令せず、すべての人びと、特に現在権限と影
響力を一番もたない人びとが関与する協働で進められなければならな
い」。

　「〔コミュニティのエンパワという点で〕地域の決定に影響を及ぼせ
ると感じる人は減少し、政治制度に対する幻滅は広範に広がったまま
であり、コミュニティは弱くなっている。コミュニティの地域の事項
に対する決定への関与は権利として保障されたが、地方自治体への権
限移譲は行われず、中央政府による関与について自治体の不満がある」。

　コミュニティの権利がほとんど活用されなかった点については、制
度の周知が不十分であったことや制度的な問題点のほか、挑戦する権

利は、既存のコミュニティのスキルや例外的な個人に過度の期待をかけるものであること、建設する権利も、従来からの計画許可のアプローチの方が迅速で対決的でないので利用されやすかったと分析しています[26]。

「〔行政サービスの提供の改革という点で〕市場に基づく行政サービス改革のモデルは、新たな『準独占』民間セクター提供主体の手に権限を集中させつつあり、透明性と説明責任を増進ではなく低下させている。歴代政権の下での努力にも関わらず、最富裕層と貧困層との間での教育における到達度の格差がつきまとい、健康の不平等があり、主要な行政サービスはそれをもっとも必要とする人びとの必要になお有効に応えていない」。

「〔社会的活動は〕刺激され、一定の成功例があるが、過去10年間に到達された水準をなお下回り、最もそれを必要としている部分には届いていない」。

「一定の福祉の増進があった。しかし、信用、コミュニティへの愛着、近隣意識といった社会資本の指標に照らして、低下した。犯罪は減少したが、食の貧困やホームレスは相当に増加した。所得の不平等について OECD 34 か国中、イギリスは 28 位で、富の点で格差が大きく拡大している。同時に、社会における最貧困層が、利益と減税および行政サービス削減と不釣り合いに大きい負担を課せられてきた」。

「大きな社会が失敗した理由」として5点を指摘しています。まず第1に、「行政サービスにおける競争と選択を増進するための市場に基づくモデルが主要な目標の達成を邪魔した」としています。大きな社会の下で、地域およびボランタリ・セクターに対する偏見を伴って4大政府供給者とよばれるエイトス（Atos）、キャピタ（Capita）、G4S およびセルコ（Serco）という大企業が行政サービス提供による利益の大半を享受し、「失敗するには巨大すぎる『準独占』民間セクター提供者

の支配への懸念とそのような契約によって提供される行政サービスの説明責任と透明性の欠如が増大してきた」などです[27]。

第2に、国家から社会に権限は一切移譲されてこなかった。普通の人びとにより多くの権限を与えるという約束を大きな社会は果たしてこなかった。

第3に、社会から最も少ない利益しか受けていない社会の人びとに目標を設定していないこと。ボランタリ・セクター組織への資金提供財源を奨励するイニシアティブは国家資金の大幅削減（緊縮財政）によって残された欠損（特に、小規模のボランタリ組織の）を現在埋めるには至っていない[28]。

第4に、ボランタリ・セクターとの強力な協働関係を築いてこなかったこと。中央・地方の政府に対するセクターの影響力やそれらとの協働の感覚は、大きな社会によって強化されるのではなく弱められた。政府は、既存の組織と協働することより、新たな費用のかさむ新しいイニシアティブ（ビッグ・ソサエティ・ネットワークやナショナル・シティズン・サービス）を立ち上げることを重視してきた[29]。

最後に、民間セクターを共通の善のために動員してこなかった。社会的投資は揺籃期にあり、企業の寄付の水準は、ボランタリ・セクターに対する国家資金提供の緊縮にとって代わるまでには増えてこなかった。同時に、一定の多国籍企業の間では行政サービス提供において注目されるべき租税回避と業績不振があった。

その後、2017年の11月の時点では、キャメロン首相自身、ボランティア団体や社会的企業が「大きな社会」行動計画で構想されたよりも多くの経済的および技術的な援助を必要としている、ということを認める発言を行いましたが、同時に、ボランティアおよびコミュニティの生活とサービスへの参加を促進する行動計画が公共セクターに対する支出の削減を覆い隠すためのものとする批判には同意をしなかっ

たと報じられています[30]。

　指摘された失敗の内容と原因は要するに緊縮財政によって行政サービスへの支出が打ち切られたことによって、それをもっとも必要とする人びとにサービスが提供されなくなり、「大きな社会」がそれを補うには至らず、イギリス社会の格差、分断が拡大したという点にあります。また、緊縮財政のもと巨大な行政サービス受託企業が独占的に行政サービスを提供することになり、サービス運営における透明性と説明責任の欠如という問題を生んでいるということです。

4　「市民社会戦略」

1)　概要

　「大きな社会」の行動戦略の後継として、行政サービスに社会の力を動員する政府の方針として 2018 年に示されたのが『戦略』です。『戦略』は、「大きな社会」行動計画との関係を明確には示さないまま、ジェレミー・ライト・デジタル文化メディア・スポーツ担当大臣がその目的を、「私たちの社会の一体性を保持している大小の組織を、政府が強化するのに役立てること」と述べ、「将来の好機と脅威に立ち向かうには、コミュニティにより一層の自由と責任を与える新しいアプローチが必要とされている」。「私たちが望む未来は、共同と"共創"の未来である。それゆえ、この戦略は、政府からの、今後数年間でわたしたちが望む市民社会の共創という課題への提言である」としています。そのアプローチは図 3-1 のように図式化されています。

　『戦略』の章構成に従って概要をみておきましょう。

　「はじめに」＝社会的価値は、強力な経済的、物理的および自然的資源と人びとの強いつながりのあるコミュニティの繁栄から生じる。社会的価値の 5 つの基盤は、人びと、場、社会的セクター、民間セクタ

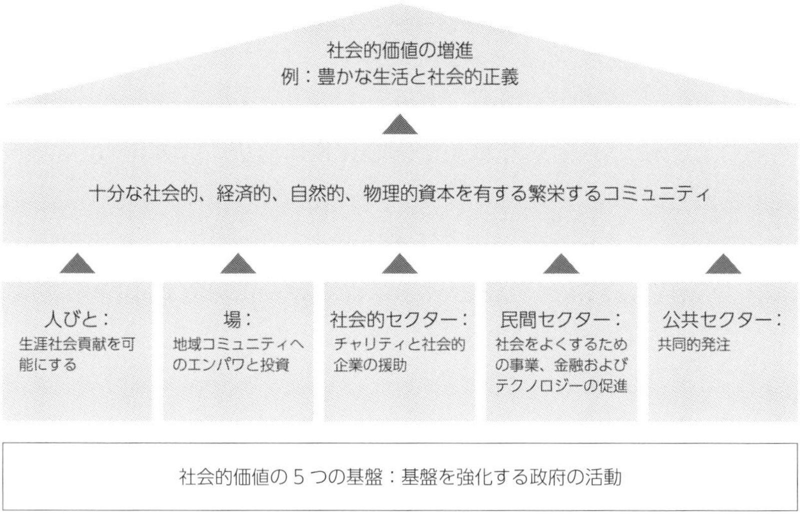

図3−1 「市民社会戦略」のアプローチ

出所：*Civil Society Strategy*, 18.

ーおよび公共セクターである。

「第1章 人びと：生涯社会貢献を可能にする」＝親切心による個人の行為から慈善の仕事と変革を求める大衆の運動まで、行動する人びとが強い社会の基盤である。政府は、人びとがその将来とコミュニティを統制する実感のもてる社会を構築したいと考えている。政府は、「場に基づく社会的活動プログラム」、コミュニティ組織化の人材育成プログラム等の取り組みを行っている。

「第2章 場：地域コミュニティへのエンパワと投資」＝政府のビジョンでは、将来、公共セクターは区域（場）のニーズにより焦点をあてて、より共同的なアプローチをすることになる。サービス提供者、民間セクター、個人、およびある区域のコミュニティと共同することで素晴らしい場を形成できる。政府は、民主主義プログラムの新たなイノベーションを起ち上げたり、コミュニティの権利の利用を促し、新

しいコミュニティ基金のモデル（ソーシャル・インパクト投資、慈善基金、法人投資）を発展させる。

「第3章　社会的セクター：チャリティと社会的企業の援助」＝チャリティと社会的企業の基金と資金調達について、政府は Charity Commission および UK コミュニティ基金と共同して、少なくとも休止中の慈善信託から 2000 万ポンドを今後 2 年間でコミュニティ組織の援助のために譲渡する。チャリティをより強くするための情報デジタル・テクノロジーの活用方策を検討する。

「第4章　民間セクター：社会をよくするための事業、金融およびテクノロジーの促進」＝政府は、責任ある企業に対する支援をさらに構築し、2019 年にそのアプローチを更新する。加えて、2018 年に責任ある企業のリーダーシップグループを設立する。包摂的経済パートナーシップは、企業、市民社会組織と政府省庁の間の社会における最もタフな課題のいくつかを解決するための一層の共同を援助する。また政府は、複雑な社会問題に取り組む際のテクノロジーの活用を探究する。

政府は、Big Lottery Fund と共同して休眠口座からの 5500 万ポンドを用いて、民間・社会セクターを超えて、金融的排除に取り組むパートナーと共同する新しい独立の組織に資金を提供する。

「第5章　公共セクター：共同的発注」＝従来の競争入札の導入等による行政サービス改革は、民間主体を含む多様なサービス提供主体による市場を刺激し、納税者のバリュー・フォー・マネーに資する取り組みであったが、人びとが必要とする「関係性や柔軟性」よりも「コストと成果」の重視をもたらしてきた。これに対して、現代の行政サービスについての政府のヴィジョンは、地方の主体が、どのようにサービスが生み出され、提供されるかに平等かつ有意義な仕方で関与する「共同的発注」というヴィジョンである。政府は、市民コミッショナー——コミュニティのために発注決定をする役を務める地域の人び

と——の普及を支援する。

　政府は、コミュニティの新規構想に対する資金提供の選択の範囲を広げることも考えている。これは、補助金の復活も含まれる。補助金は、慈善投資のような追加的な利益をもたらすとともに、柔軟性と契約の説明責任や業績の規律とを結合できる。

　政府のヴィジョンは、社会的価値法の諸原理が政府の支出と決定の全体に対して適用されることである。

2) 『戦略』の意味

⑴　社会のエンパワからの政府の後退

　戦略は、「大きな社会」行動計画が、保守党・自由民主党連立政権の基本的な方針として、キャメロン首相が数回にわたって演説でコンセプトを説明し、政府挙げての行動計画であったのに対して、『戦略』はデジタル文化メディアおよびスポーツ大臣が序文を述べ、他の大臣も各取り組みの箇所では登場するものの、「市民社会」というイギリスの基盤に関わる戦略にふさわしい取組み体制がとられているようには見えませんし、イギリスのボランティア団体支援組織であるNCVO（The National Council for Voluntary Organisations）の政策・行政サービス担当部長のエリザベス・チェンバレンもせいぜいそのような体制を今後築いていく上での第一歩としかみていません[31]）。

　『戦略』が共同を重視し、競争が持続可能なサービスの最善の結果を必ずしももたらしてこなかったことを認めた点については歓迎されています。慈善団体にとって、公共の議論の場で主張する権利を認められたことも評価できるけれど、専門的チャリティが政策形成に本当に関与し、調達手続が大きな外部委託企業のためだけでなく小規模のチャリティのためにも機能することが重要であるとみています[32]）。この点で、政府はボランタリ・セクターとの間のコンパクトの諸原則の見

直しには着手しておらず、政策形成過程への実効的な関与の原則を確立するための市民社会と全省庁グループとの作業が開始されていない等が指摘されています[33]。

(2) 地方自治体の位置づけの後退

「大きな社会」行動計画では、真意を問わず、地方主義法に地方自治体の包括的権限を規定するなど地方自治体の権限への配慮があったのに対して、『戦略』では、地方自治体にはサービス提供主体のひとつとしての公共セクターの位置づけしか与えられていないようにみえます。地域社会の場をよりよいものとして形成する課題は提起されていますが、それをどのような仕組みを通じて決定するのか、については「共同的発注」が「市民コミッショナー」によって行われ、地方自治体も地方の主体のひとつとして、どのようにサービスが生み出され、提供されるかに平等かつ有意義な仕方で関与することだけに役割を限定されているようにみえます。行政サービスの提供について、提供される物やサービス自体ではなく、その提供によって「社会的価値」を実現することが重視されるのはもっともなことだとしても、その実現を社会的セクターの役割強化によって果たすことが期待され、地方自治体の行政サービス提供者としての役割は極小化されているように思われます。

『戦略』は、「大きな社会」の基本的向性を継承して、緊縮財政による公共支出の削減を前提として、社会問題を解決し、社会的価値を実現する「社会」をエンパワする方針を示すものです。Brexit の優先的政治課題が影響したであろうことは想像できますが、「大きな社会」が首相の「熱望」による政府あげての政策であったのと比べて、国の一担当省庁の方針に格下げになり、さらにそのなかでも地方自治体については、行政サービスの提供主体のひとつとして位置づけられ、地域問題の決定に住民から選挙で選出された議員が審議を経て決定を行う

地域の固有の主体であることを、どう社会の力の発揮のなかで活かしていくかという観点が欠落しているように思われます。

おわりに
——行政サービスのインソーシング・内部化という選択肢

　『戦略』は、ボランティア・セクターに対する財政的な援助等によって一定エンパワを進める内容を有し、それ自体は意味あるものであるとはいえ、そもそも政府自体が、一体として社会のエンパワに力を入れているとは言えない状況で、CE 報告で指摘された「大きな社会」の問題点を解決に向かわせる社会の力が形成されるようには思えません。政府が「大きな社会」で弥縫・隠蔽しようとした緊縮財政の弊害は、行政サービスの効率的運営、コスト削減の推進のためという理由で民間委託や民営化を一層進める圧力になりましたが、その結果、コスト削減は実は達成されず、巨大なサービス提供企業によるサービス提供事業独占の問題をもたらし、そのことがサービス提供に対する説明責任と透明性を失わせることも明らかになってきたといえます。そこで、緊縮財政への対応として、いったん民営化・外部委託されていた行政サービスを、インソーシング・内部化する例が増えているといわれています。

　イギリス全国 300 超の自治体を会員として、自治体の行政サービスの改革を推進する非営利の地方政府団体 APSE（Association for Public Services Excellence）が 2019 年に公表した報告書には、緊縮財政に伴う柔軟な財源配分や効率化の必要からサービスの内部化を行った次のような例が報告されています。すなわち、外部委託契約でサービス提供を行うことを決定していた場合に、契約に基づく支払の予算は実質的に緊縮財政による支出削減から特別に守られてきたので、支出削減

分をほかのサービス向けの予算支出に転嫁しなければならないことに
なり、予算配分の幅を狭めることになるため、サービス提供を内部化
して予算配分の柔軟性を確保する自治体があるとのことです[34]。また、
サービスが外部化されると必然的にその業績評価が必要となりますが、
そのためには自治体内にサービスに関する一定の知識を保持しておく
ことが必要となり、このことが契約管理のための契約に組み込まれる
費用を倍加することになるともいわれています。さらに、自治体の戦
略上の目的とサービスの内部化とを関連づけ、地域経済に刺激を与え
ようとする自治体は、例えば、地域のサプライチェーンを生み出すこ
とによって地域経済の援助に影響を与えたり、援助に携わることがで
きない空洞化した自治体になってはならないと内部化した調達が効率
を改善し、地域の企業の援助にもなると考えられているといいます。

　緊縮財政と直接に関わらない理由でも、自治体のサービスインソー
シングが進んでおり、APSE が実施したアンケート調査で回答した 208
の自治体では、その 73％ がサービスインソーシングの過程に入ってお
り、45％ はすでに過程を終了したと回答したと述べ、2009 年と比べる
と行政サービス提供のインソーシング・内部化が継続的な増加傾向に
あるとしています[35]。また、イギリスにおいて外部化された行政サー
ビスを受託していた最大企業であるカリリオン社[36] の倒産によって多
数の外部委託契約の解消に至り、少なくとも 2016 年から 2018 年の間
に 220 の内部化・インソーシングをもたらしたといわれています[37]。

　インソーシングされている行政サービスの類型では、建物維持管理
（住宅・非住宅建築物の修繕サービス）27.34％、廃棄物収集（21.09％）、
公園・広場・グランドの維持管理（17.97％）、建築物清掃（13.28％）
であるとしています。インソーシングの理由は、効率の改善、サービ
スコストの削減（61.54％）、サービスの質の改善（54.81％）、緊縮財
政の結果としての契約支払の減額（45.1％）そして内部提供サービス

による柔軟性の向上（43.2%）が挙げられたと述べています[38]。なお、APSE の調査結果は、会員自治体の行政サービスのうち、近隣サービス（Neighborhood Services）[39] に分類される行政サービスについてのものに限られており、すべての地方自治体のすべての行政サービスの提供についての民営化・民間化の状況とそのなかでのインソーシングの状況を明らかにする必要があります[40]。

　さらに、行政サービスの民営化・外部委託については、サービス提供に対する政治的説明責任の観点からも、サービスの外部化がサービス提供者の負う責任と当該サービスを担当する地方議員との境界を曖昧にする可能性があり、公法的な統制も及びにくくなることが指摘されてきました[41]。インソーシングは、サービス提供の外部化によって引き離された地方の民主的制度へのつながりとコントロールを取り戻し、地域的サービスとコミュニティそして企業との間を結ぶ自治体の固有の役割を改めて明らかにし、行政サービスの努力と持続可能な地域という結果とを全体として結びつける効果をもつともいわれています[42]。この点は、特に、コロナ禍に対応して、地方の自治体・政策形成者は「場」を通じての文化創造的な活動または社会的企業による創造的な経済をみる独特の視点を有しており、これと介入する権限を含むすべての契機を活用して、よりよい社会・経済へ向けて前向きに創造活動、文化活動およびデジタルの仕事を再開できるようにすることが必要であると LGA（Local Government Association）の地方自治体による創造的経済活動支援のガイドブックも述べています[43]。

注

1　Robert Saunder, "'There is such a Thing as Society'. Has Boris Johnson Repudiated Thatcherism?' *New Statesman* 31 March 2020: https://www.newstatesman.com/politics/uk/2020/03/boris-johnson-thatcher-society-no-such-

thing-policies

2　コロナ禍が問題になる直前の緊縮財政下の NHS による医療保障の実情は、ブレイディみかこ『ワイルドサイドをほっつき歩け』（筑摩書房、2020 年）120 頁以下にリアルに描かれています。同書には、緊縮財政が地域に及ぼした波紋が随所にスケッチされています。

3　マンチェスターの APSE で Mo Baines Hulston 氏にうかがった「大きな社会」についての評価の言葉。

4　戒能通厚編『新法学ライブラリ〈別巻 1〉現代イギリス法事典』（新世社、2003 年）292 頁〔三島知斗世執筆〕。

5　Jane Wills, *Locating Localism: Statecraft, Citizenship and Democracy* (Policy Press 2016) Kindle version, 16.

6　https://www.bbc.com/news/uk-10680062. See also Steve Leach, John Stewart and George Jones, *Centralisation, Devolution and the Future of Local Government in England* (Routledge 2018) 42.

7　Prime Minister David Cameron: *My Vision for a Smarter State*, Published 11 September 2015: https://www.gov.uk/government/speeches/prime-minister-my-vision-for-a-smarter-state

8　Leach et al. (n 6) 159.

9　Local Government Association briefing: Debate on Local Government Funding, House of Commons, Tuesday 15 January 2019.

10　HM Government, *Civil Society Strategy: Building a Future that Works for Everyone* (2018).

11　1999 年地方自治法。環境運輸地方省白書「現代的地方自治体：人々とのふれあい」（1998 年）（The Department for the Environment Transport and the Regions, *Modern Local Government: in Touch with the People*, Cm 4014, 1998.

12　Leach et al. (n 6) 39.

13　The Conservative Party, *Control Shift: Returning Power to Local Communities*, 2009.

14　HM Government, *The Coalition: our programme for government* (2010).

15　Transcript of a speech by the Prime Minister on the Big Society, 19 July 2010. https://www.gov.uk/government/speeches/big-society-speech

16　この銀行は、社会への投資を増進することを目的とする金融機関で、the Big

Society Trust、Big Society Capital Limited および Big Society Foundation の 3 法人からなる Big Society Capital Group として設立されました。これらの新規の社会的投資金融機関と金融仲介機関については、長富一暁「イギリスの社会的投資市場—金融仲介機関を中心として—」白石克孝・的場信敬・阿部大輔編『連携アプローチによるローカルガバナンス』（日本評論社、2017 年）194 頁以下。

17　2011 年 11 月 7 日庶民院。

18　従来、イギリスの地方自治体の自治的施策に対する法的制約として問題とされてきた判例上の権限踰越 ultra vires の法原則から自治体を解放するものでもありません。

19　Nicholas Dobson, 'Down the Local...' (2011) 161 NLJ 57. またイアン・ラブランドは、地方自治体が新たな政策を遂行するために明示的な制定法上の授権を以後探す必要がない、という限りでカウンシルの政治権力を拡大すると考えられると述べています。

20　Leach et al. (n 6) 45-46.

21　2011 年の地方主義法によって 1992 年地方自治および財政法 52A-ZY 条が追加されました。

22　Leach et al. (n 6) 47.

23　Leach et al. (n 7) 48.

24　*Ibid.*, 48.

25　Civil Exchange, *Whose Society? The Final Big Society Audit* (2015).

26　CE Rep (n 25) 20.

27　CE Rep (n 25) 29.

28　CE Rep (n 25) 31.

29　ナショナル・シティズン・サービスについては、的場信敬「英国の『パートナーシップ文化』のゆくえ—『ビッグ・ソサエティ』概念の考察から—」白石ほか編・前掲注（16）120 頁。

30　24 November 2017 by Rebecca Cooney: https://www.thirdsector.co.uk/david-cameron-admits-failings-big-society-agenda/policy-and-politics/article/1451160

31　Elizabeth Chamberlain, The Civil Society Strategy: One Year on, August 9, 2019 (https://blogs.ncvo.org.uk/2019/08/09/the-civil-society-strategy-one-year-on/).

32 Elizabeth Chamberlain, The Civil Society Strategy: What You Need to Know Posted on August 9, 2018 by (https://blogs.ncvo.org.uk/2018/08/09/the-civil-society-strategy-what-you-need-to-know/).

33 Rebecca Young, The Civil Society Strategy: What it Says about Public Services, August 14, 2018 (https://blogs.ncvo.org.uk/2018/08/14/the-civil-society-strategy-what-it-says-about-public-services/).

34 APSE, *Rebuilding Capacity: The Case for Insourcing Public Contracts* (2019), 23.

35 APSE (n 34) 26.

36 カリリオン社は、イギリスに本拠を置く、多国籍の建設および施設管理事業を行う企業でした。同社は、1999年ターマック社から分離・独立して設立され、一連の買収によって、イギリス第2の大建設会社となり、ロンドン証券取引所に上場され、2016年には約4万3000人の従業員（うちイギリスでは1万8257人）を擁していました。同社の負債状況についての懸念は2015年に生じ、2017年に同社は財政的困難を経験した後、2018年に1月に清算型倒産手続に入りました。国会庶民院行政憲法問題委員会の報告書（House of Commons Public Administration and Constitutional Affairs Committee, After Carillion: Public Sector Outsourcing and Contracting HC 748 [2018]）は、同社の倒産時、国の会計監査局の見積もりで、防衛省、司法省、ネットワーク・レール等の公共セクターと420の契約を結んでおり、また地方自治体協会の推計で、30自治体と220の学校が同社の倒産の影響を直接に受けた、としています。同委員会は「リスク移転が現実的であり、価格とともに質、システムによるリスクと経済的影響の理解が決定を動かすことを保障するように、政府のパートナーに対する態度を根本的に変更することを勧告する」と、外部委託契約の結び方の改革を勧告しました。

37 APSE (n 34) 27.

38 APSE (n 34) 15.

39 APSE では、地方自治体による公道維持管理、運輸、環境および規制、文化、都市計画などのサービスで、教育、住宅提供または社会的介護以外の分野サービスを近隣サービスと呼び、これら一群のサービスについてイングランド、ウェールズおよびスコットランドの間で比較し、またこれのサービスを多くの住民の自治体との接点とみて、それらに対する満足度を自治体行政に対する満足度を

測る指標にしようとしています（APSE. *Redefining Neighbourhoods: A Future beyond Austerity?* (2017) 5.

40　インソーシングの現況の詳細は、本書第 2 章〔榊原秀訓〕を参照ください。

41　A.C.L. Davies, 'Public Law and Privatisation', in Mark Elliott & David Feldman, *The Cambridge Companion to Public Law* (Cambridge 2015) [Kindle edition] No.5438.

42　*Ibid.*, No.5448.

43　Local Government Association, *Creative Places Supporting Your Local Creative Economy* (2020) 57.

第4章

PFI事業の「検証」と「撤退」

庄村勇人

はじめに

　本章では、イギリスにおける PFI 事業の「検証」作業の内容と、その結果として PFI 事業から「撤退」するとした判断の背景や経緯について紹介します。PFI とはプライベート・ファイナンス・イニシアティブ（Private Finance Initiative、以下「PFI」）の頭文字をとった略称であり、公共施設等の、設計、建設、維持管理、運営において、民間の資金やノウハウを利用し公共サービスの提供を行うことで、これを用いた事業のことを PFI 事業といいます。

　1987 年にイギリス国内で初めての PFI 事業をスタートさせて以降、保守党メージャー政権下で PFI 制度が導入され、その後、労働党のブレア政権下で PFI 制度を拡大する方向性が示されました。その結果、2000 年代初めのイギリスでは年間 50 件以上の新規契約が結ばれる年もあり、PFI 制度が定着しつつあるかの状況でした[1]。しかし、2008 年の「リーマンショック」、あるいは 2009 年の「ユーロ危機」を契機として、また、PFI 制度そのものの問題点や不透明さ、さらに PFI 事業を通じてビジネスを行う者への不信などを背景に、国民の不満が高

まり、その新規の契約件数が大きく落ち込むこととなっています。そして近年、国会の委員会や会計検査院がPFI事業の検証を行ったうえで相次いで批判的な報告書を公表し、ついには野党労働党だけでなく与党保守党の財務大臣までもが、今後、新規のPFI事業は行わないことを公式に表明しました[2]。今後、イギリス国内のPFI事業は、契約が満了した順になくなる方向にあります。

　翻って、わが国のPFI事業の現状はどうでしょうか。わが国のPFI制度は、もともとイギリスのPFI制度をモデルにして導入したといわれています。1999年に「民間資金等の活用による公共施設等の整備等の促進に関する法律」（以下、「PFI法」とする）を制定以降、政府は、内閣府に「民間資金等活用事業推進室」との組織を作り、また6度にわたる法改正を通じてPFI導入を強力に推進する方向性を示してきました。「骨太の方針2019」[3]では、経済の再生と財政健全化を一体的に進めることを基本方針としたうえで、PFI事業については「インフラ・公共サービス分野への民間資金・ノウハウ活用について、抜本的に拡充する」こと、上下水道と地方空港を名指しで示し、コンセッション（公共施設等運営権）制度を拡充すること、そして補助金や交付金の拡大を図り自治体におけるPFI事業の導入支援を行おうとしています。また「PPP/PFI推進アクションプラン（令和元年改訂版）」[4]では、2013年度から2022年度の事業規模目標を当初の12兆円から21兆円に拡大する方向を示しています。しかし、かかる後押しのもと導入されたPFI事業に関しては、事業が破綻したり[5]、住民訴訟が提起され事業そのものを休止するような事例が各地で現れてきています[6]。わが国においてもPFIという方式は国民住民に対して行政サービスを行う手法として適切な手法なのかどうか、改めて検証しなければならない時期に来ていると思われます。

　そこで、イギリスではPFI事業についてどのような検証が行われて

きて、そして撤退に至ったのかについて検討するとともに、かかるイギリスの経験がわが国の今後の PFI 事業のあり方にどのような示唆を与えるかを考察したいと思います。以下、1 節ではイギリスの PFI 導入の経緯と背景、および特徴について若干整理するとともに、リーマンショックやユーロ危機後の 2012 年に行われた PFI 制度の改革としての PF2 改革に触れます。そのうえで 2 節では近年の PFI 事業に関する会計検査院、庶民院決算委員会の検証に関する報告書の指摘について触れます。そして 3 節ではイギリスの経験を踏まえわが国の PFI 事業との異同や示唆すべき点を検討し、4 節で若干のまとめと今後の課題を指摘したいと思います。

1 イギリスにおける PFI

1) PFI 制度の展開

　まず、イギリスにおける PFI 制度がどのように展開してきたのかについてみておきます。サッチャー政権下の 1987 年に初めての大規模 PFI 事業が橋梁事業（クイーンエリザベス二世橋）において行われました。当時のイギリスは、いわゆる「英国病」の克服のため、新自由主義にもとづいて小さな政府を目指しており、国営の水道、電気、ガスなどさまざまな事業について民営化や規制緩和が行われました。この時点の PFI は、1981 年にウィリアム・ライリー卿のもとで民間資本を公共事業に投入させるか検討する委員会を設置し、民間資金の活用に関する二つの原則を立てて運用するというのみでした[7]。ただ、制度化されておらず、件数も限られていました。

　同じ保守党のメージャー政権下において、PFI 制度が導入されることとなります。1990 年代初頭に景気が後退し、財政赤字削減が急務であったという事情もあり、民間資金を利用して行政サービスを行うと

いう発想がより強く取り入れられます。1992 年の秋季財政報告書において、財務大臣が「Private Finance Initiative（PFI）」を発表し、翌1993 年には財務省に官民通じて PFI 事業を推進するための旗振り役 Private Finance Panel（以下、「PFP」）を設置しました。ただ、メージャー政権下でもそれほど事業件数は伸びませんでした。

　PFI 制度はむしろ労働党政権下において大きく拡充することとなります。ブレア政権下においても PFI 制度を拡充する方向性は維持され、しかも PFI は PPP（パブリック・プライベート・パートナーシップ）の一形態として位置づけられました。「標準契約書」を準備し、入札手続きも簡素化するとともに、地方自治（契約）法改正により地方公共団体も PFI の契約主体になることを明確化しました。さらに、PFP を廃止し Private Finance Taskforce（以下、「PFT」）を新設するとともに、公務員研修の充実なども行いました[8]。これにより契約件数が飛躍的に増加し、2007-2008 年は約 60 件の新規契約件数となっています。

　しかし、2008 年のリーマンショック、2009 年のギリシャの信用リスクに端を発したユーロ危機によって金融危機となり、民間資金の金利が上昇したことから資金調達が困難となり、一気に契約件数が減少することとなります。特に 2010 年に成立した保守党・自由民主党の連立政権下で、PFI の費用が多額であること、契約に縛られ柔軟性を欠如していること、透明性に欠けることなどの問題点が指摘され、これを受けた制度改正が行われました。すなわち財務省による 2012 年の秋季財政報告書およびその付属文書である「官民パートナーシップに対する新たなアプローチ」で、PFI の新モデルとして、「プライベート・ファイナンス 2（PF2)」が導入されました[9]。

　ただ、PF2 を導入した後も PFI 事業の契約件数は伸びず、また、後述のように、PFI 事業によって一部の者が利益を得ているのではないか、あるいは今後どれくらいの債務が国にあるのか不透明であるなど

の批判が巻き起こり、2017 年には予算責任局が、PFI は「財政リスク」である、との認定を行いました[10]。さらに同年庶民院の総選挙において、PFI 制度に反対を掲げた労働党が勝利するなど、PFI 制度は追い込まれていくことになります。

　そして、2018 年 1 月に会計検査院が「PFI と PF2」という報告書（以下、「会計検査院報告書」とする）[11]、同年 6 月には庶民院が決算委員会報告書（以下、「庶民院報告書」とする）[12] を公表し、それぞれ PFI の問題点を詳細に指摘しました（この 2 つの報告書については 2 節において後述します）。同年には、イギリスの大手の建設会社で多くの PFI 事業を担っていたカリリオン社が経営破綻しました。これらを受けて、同年 10 月 29 日に、与党である保守党のハモンド財務大臣は、「公共部門が『納税者に価値をもたらし、真に民間部門にリスクを移転するのであれば関わり続けるが、PFI にはどちらも存在しないという明確な証拠がある』、公共部門が『つけ込まれやすい』という時代は終わりにしなければならない」として、今後新規の PFI 事業を行わない旨を表明しました[13]。

　図 4-1（90 頁）は、新規事業の資本価値、および PFI・PF2 事業の件数の推移を示したものです。

2）　イギリスの PFI の特徴

　ここでイギリスの PFI の特徴についてみてみましょう。まずはわが国の PFI と同じ特徴を持つ部分を中心に確認してみます。導入分野としては、空港や道路などの交通、病院、学校、刑務所、防衛施設などが大きな割合を占めています。特別目的会社（Special Purpose Company、以下「SPC」）を設立して、公共部門はこの SPC と PFI 契約を締結し、利用者は SPC が提供するサービスを利用します。SPC は、建設コストを含めた資金を金融団から融資され（民間資金の活用）、設計、建設、

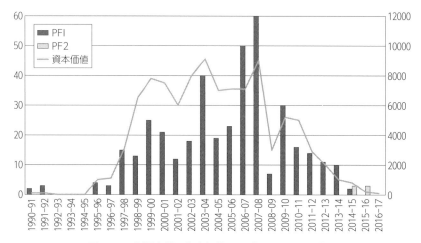

図4-1　新規事業の資本価値および PFI・PF2 の件数

*棒グラフ（左側：件数）、折れ線グラフ（右側：百万ポンド）
出所：National Audit Office, PFI-and-PF2., p.24 の図表をもとに作成。

運営等に利用することとなりますが、公共部門としては通常初年度は
建設コストなどで大きな初期投資が必要になるところ、PFI 契約の場
合はこれが抑えられ、支出が平準化します。その代わりに、SPC がか
かった費用を回収するために、PFI 契約が長期化することとなります。
さらに、性能発注であることから、民間の創意工夫が活かせるといわ
れています。また、バリュー・フォー・マネー（Value For Money、以
下「VFM」）というコストの削減および質の向上を図る概念が得られ
るかどうかで導入の可否が判断されます。すなわち、PFI を導入せず
に施設の運営等を行った場合の指標であるパブリック・セクター・コ
ンパレーター（Public Sector Comparator、以下「PSC」）と PFI 事業
のライフサイクル・コスト（Lifecycle Cost）を比較して、VFM を生
むかどうかで判断されます。ここまでがわが国の PFI と同じ特徴です。
　わが国とは異なる部分として 1 つ目は、わが国の場合は PFI 事業を
導入することによっていかに効率化したかという「量」の部分に注目

されがちですが、イギリスのPFIの場合は「量」もさることながら、むしろ「質」こそが重要と考えられています。例えば、リスクを最大限民間企業に転嫁しようとすれば、それを反映して保険料の増額や資金調達金利の上昇を招くことになります。これを避けるため「最適なリスク移転」が目指されています[14]。わが国と異なる点の2つ目は、割引率です。PFIと従来の手法とでは財政支出のタイミングが異なることから、将来の支出を現在の価値に直して比較することが必要となるため、これを割引率という形で引き直します。PFIの場合は初期費用が小さく財政が平準化されるので、割引率が低くなれば従来の手法の方が魅力的になり、逆に高くなればPFIの方が有利になります。イギリスはこの割引率を固定しているのに対して、わが国は固定されていません[15]。3つ目は、イギリスはBOT（Build Operate Transfer）型（民間が施設建設し、運営し、契約期間終了後に所有権を移す）が多く、わが国のようにBTO（Build Transfer Operate）型（建設だけ民間が行い、所有権を移転して運営は公共部門が行う）ではありません。4つ目に、わが国の場合はPFI法によってPFI事業のあれこれが決められたうえで個別に契約がなされていますが、イギリスの場合はこのような法律はなく、コモンロー上の契約に基づくものです。5つ目に、SPCの発行する株式については、わが国はSPCに参加の企業がそのほとんどを保有する形ですが、イギリスの場合は投資家（ファンド）が購入する場合が多く、投機の対象となっています。6つ目に、PFIによる負債が、会計規則により政府の貸借対照表に計上されないことです。これはかつての欧州会計基準や欧州委員会統計局基準では、PFIリスクを民間移転すればすべてオフバランス化（簿外）処理を認める対応をとっていたためとされています[16]。そうすると国民からは、今後どれくらいPFIの債務を払わなければならないのかが見えないことになります。特にこの5つ目と6つ目が、近年のPFI事業への批判

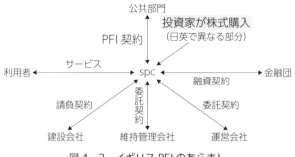

図4−2 イギリス PFI のあらまし

出所：筆者作成。

対象ともなっている点は後述します。

3) 財務省による PF2 改革

　2018年における会計検査院報告書等の指摘について検討する前に、2012年の PF2 改革の内容について確認しておきます。2008年から2009年にかけての金融危機に伴う金利の上昇で資金調達が困難となり PFI の契約件数が減少したことは、すでに触れました。しかしそれ以外にもロンドン環状高速道路（M25）の契約について VFM 拡幅事業工法の妥当性や、高額なアドバイザリー契約などへの批判、また2009年、クイーン・アレクサンドラ病院改築の PFI 事業において、当初の歳出削減や利用者増の見込みに到達せず、同地域の国民保健サービスが、PFI 事業者への各種支払いのため借入を行う事態になり、700人の従業員の解雇、100の病床数の削減などが行われました。さらに医療行為そのものにも影響が出る問題が発生し、国民の批判の声が高まったとされています[17]。

　これらを踏まえて2012年に公表された報告書が、前述の「官民パートナーシップの新たなアプローチ」です。そこでは、PFI には一定のメリットもあるとしつつもデメリットや問題点を指摘しています。例

えば、PFI の調達プロセスは時間と費用がかかりすぎること、契約締結後に長期契約となるが故の柔軟性が欠如していること、透明性が欠如していること（特に将来どれくらいの債務が発生するのか、あるいは投資家の収益がどれくらいになっているか）、官から民への不適切なリスク移転のため公共部門の負担が増大していること、PFI プロジェクトへの投資家の利益と VFM との関係が不明であること、PFI 採用へのインセンティブが最適な事業実施方法の評価を誤らせたこと、などです。

　これらを改善するために、さまざまな改革が行われました。まず、政府が SPC の 30〜40% の株式保有者となり、あわせて人員を民間事業者に送るなどして公的関与を強めること、さらに公共部門のリスク負担の見直しをすること、入札期間を短縮化すること（18 か月まで）、清掃やクリーニングなどソフトサービスを対象から除外、あるいは必要に応じてプロジェクトの内外へ移動させること、定期的な報告書を提出させて透明性を向上すること、SPC の負債借換えによる利益配分率を 30% 未満とすること等です[18]。最後の負債借換えによる利益配分率の制限の意味は、SPC が民間金融から借りていた資金について、施設を建設する前の段階ではイギリスでは建設リスクを高く見積もるためその分借入れコストが高いが、建設が終わった段階ではその分リスクが減るので、リファイナンスによって事業者が利益を得る機会があったことを制限する、ということです。この点も世論の批判が大きい部分でした。

　かかる PF2 改革が行われましたが、その後も PF2 の利用は低迷し、2012 年以降 PF2 を利用した契約は 6 件（学校 5、病院 1、資本価値はそれぞれ 6 億 3200 万ポンド、2 億 9700 万ポンド）にとどまっています。

2　会計検査院報告書、庶民院報告書

1)　会計検査院報告書

　2018 年の会計検査院の報告書の時点では、PFI および PF2 を合わせて 700 以上、資本価格 600 億ポンドの事業が行われており、2016 年から 2017 年で年間 103 億ポンドの支払いが発生しています。仮に、今後全く新規案件を締結しないとしても、2040 年までに 1990 億ポンドを支払う必要があるとしています。

　これらの検証作業を通じて、会計検査院は、大きく 4 つの強調したいポイントがあるとします。1 つ目に PF2 も資金調達構造の基礎は PFI の時と変わっていないのではないのかという点、2 つ目に見込みおよび実際の株式投資収益に関するデータはすべての PF2 案件について公開されますが、これは他の PF2 ではない PPP 案件には適用されず、負債のコストに関するデータが公表されないという点、3 つ目に PFI 改革の一環として、庶民院財務委員会は、VFM とは関係のないインセンティブの削除を検討し、PFI に誘導しないこととしましたが、資本と現金の予算が不足している場合、PFI が公的機関の唯一の投資オプションになる可能性があること、4 つ目に民間の資金調達のメリットに関するデータが不足している、ということです[19]。

　以下では、会計検査院が具体的に指摘している項目をみてみます。

⑴　建設コスト

　2017 年に 11 の省庁を調査したところ、回答のあった 8 つの省庁のうち 5 つがコストの確実性については PFI の方が優れているとしましたが、確実性の増加が必ずしも公共部門のコスト低下をもたらさないことを指摘しています。さらに、財務委員会が、予期しない費用をカバーするために建設に高い価格を設定していることを発見したことも

指摘します。また学校の建設費用について、資金調達経路はほとんど、あるいはまったく、影響がないことも確認したとされます。これらの利点の一部は、長期の民間資金調達契約を利用しなくても達成できるとされ、公的資金によるプロジェクトに固定価格契約を使用すると効果的であること、建設費超過のリスクは建設期間のみカバーする短い民間資金調達契約を利用することもできることを指摘します[20]。

⑵　運営の効率性

PFI病院に関する検証では、運営が効率化する形跡はみられないとします。最近のデータでは、ロンドンの病院でのクリーニングのサービスコストがPFI契約の下で高くなっていること、また2017年の調査に回答したうちの4つの省庁が、PFIの下で3つの省庁が運用コストが高いこと、それ以外は同じであるとの回答でした[21]。

⑶　資産の質と維持管理

PFI契約では、建物を一定の基準に維持する必要があると規定されますが、会計検査院のかつての検証で、PFIに基づいて契約で合意された基準により、PFI病院の維持管理費用が増加することが指摘されています。公的部門はPFI以外の資産の維持管理費用を削減することができますが、PFI契約ではかなり困難であるとされています。また2017年の調査の回答では、維持管理基準はPFIの方が高いと考える傾向があるとされます[22]。

⑷　短期・中期的には「公的部門の唯一の投資オプション」の可能性

毎年、財務省はすべてのPFI、PF2事業についてのデータを公開していますが、ほとんどの民間資金の債務は、国民勘定ではオフバランスシート（簿外）となっています。そのことが、政府や公的機関が民間資金を調達する短期的なインセンティブになると指摘されています。従来の調達とは異なりPFIの場合、施設を建設するために調達された債務は政府の負債額に含まれず、設備投資は公共部門向けであるにも

かかわらず、公的支出として記録されません。また、公共投資予算が少ない場合でも、民間資金を利用することによって事業が遂行できることになります。コストは長期にわたり平準化されるため、時間とともに分散もされます。2017年の調査に答えた6つの省庁のうち5つは、PFIを使用しなかった場合、公共投資の予算は十分ではなかったと述べており、「唯一の選択肢」になっていたとのことでした[23]。

(5) 追加のコスト

民間資金調達の場合は、公的資金調達と比較して追加のコストを生じさせます。最も目立つのは資金調達のコストです。2010年の国家インフラ計画では、PFIの指標となる資本コストは政府の国債のコストより2〜3.75%高いと見積もられました。さらに、保険、現金管理、外部アドバイザー費用、貸し手への手数料（通常貸与額の約1%〜2%。場合によっては信用格付け機関へも手数料）、SPCの管理に関する費用（PFI支払総額の約1%〜2%）なども発生します。これらのコストと組み合わせたPFI・PF2の全体の支出が、公的資金による事業よりも高いことを意味する、と指摘します。これは会計検査院だけではなく他の機関でも指摘されており、教育省の検証では、PFI・PF2によるコストが政府からの借入れによって資金調達する事業のコストよりも40%高いとされます。また、財務委員会では、2011年の分析で、民間資金による病院の費用はPSCよりも70%高いとの見積もりが紹介されています[24]。

なお報告書では、保険のコストについて詳しくみています。政府は通常、建物の民間保険に加入しません。その理由はVFMに適さないと考えられているからと指摘されます。これに対してPFI事業には、民間保険が適用されます。財務構造上、建物および事業中断保険が必要とされますが、事業契約は契約期間中の保険要件を定めており、「基本コスト」（年間インフレ指標の対象）が合意され、公共部門が支払うユ

ニタリーチャージ（合計費用）[25]に組み込まれます。合計費用に含まれる保険の基本費用は、SPC が支払う費用よりも大幅に高い場合があり、これは SPC が決算前に保険の価格を慎重に設定するためで、PFI 保険の費用が過去 10〜15 年間で大幅に減少し、SPC 投資家に利益をもたらしたためです。2000 年以降に署名されたほとんどの PFI 契約には、SPC によって行われた節約の一部を公共部門が共有できるようにする保険金の分配メカニズムが含まれていますが、計算は複雑で、保険ブローカーの援助が必要とされます。

　会計検査院の調査では、いくつかの懸念も提起されています。①例えば多くの PFI 学校では、ユニタリーチャージに実際の保険費用の数倍の保険費用が含まれています。②一部の SPC は、地方自治体と医療トラストに契約上負っている保険の節約を共有することに消極的です。③一部の保険ブローカーは共有メカニズムを通じて行われた節約を支援する理由を提供しないという点で、事業契約の要件に適合していません。これはもし適切に適用された場合に契約書が許容する範囲よりも、SPC が共有メカニズムの高い割合を保持していることを意味します。多くの場合、この点の改善によって地方自治体にかかる金額が数十万ポンド減少しました。④保険ブローカーによって提供された誤った計算によって地方自治体と共有する利益が約 2 万ポンド減少した、とされています[26]。

(6)　柔軟性の欠如

　2017 年の調査では、運用の柔軟性がないと答えた省庁が、調査を行った 6 つの省庁のうち 5 つあったとのことです。また財務省は通常、7 年以上の契約を認めていません。そのなかで、PFI 契約の場合は 25 年以上続くことになります。それは時に不要になったサービスについても支払いをすることに縛られることになります。例えばリバプール市議会は、空になっている高校に毎年約 400 万ポンドを支払っています。

2017 年から 2028 年の契約終了までに契約に変更が加えられない場合、利息、債務、設備管理の支払いを含めて、約 4700 万ポンドが支払われることになります。なおこの学校の建設費は推定で 2400 万ポンドとのことです。

　ところで、この問題については PF2 で考慮されており、契約期間中に学校が不要になるリスクに対して、部分解約（partial termination）の仕組みも導入されており、完全解約にくらべて、投資家への報酬はわずかに低くなるとされています[27]。

⑺　達成水準が定量化できていない

　民間資金調達のコストが高いということは、モデルの経済的根拠が事業の建設、運営におけるコスト削減、あるいは、質的に優れた事業の提供にかかってくることを、財務省は指摘しています。PFI が VFM を提供するためには、これらの利益が高い資金調達コストやその他の追加コストを超える必要があります。したがって、利益のレベルを理解し、数値化する必要が出てきます。しかし、財務省やインフラおよび事業機構（IPA：Infrastructure and Project Authority、以下、「IPA」）は、定量化するためのデータを収集していません。決算委員会でもこれまで PFI の実際の効率を評価するために利用できるデータがないことを指摘しており、また、プロジェクトレベル、プログラムレベルで民間資金の実績評価を健全にすることができなかった、とも指摘しています[28]。

⑻　VFM 評価過程そのものが PFI 導入を有利にする

　会計検査院は、2013 年の PFI に関する報告書で、VFM の評価には公的資金によるアプローチと比較して PFI を支持し、有利にする機能があると結論付けていることが紹介されます。なお、財務省はこの批判には同意していません。

　割引率の問題については、2003 年に設定された固定割引率を利用す

ると、VFM の評価が政府の借入の一般的な費用を超えた民間資金の
追加負担を反映しないことを意味するとも指摘します。さらに「楽観
的バイアス」や「リスク移転」などの VFM 評価モデルでの使用は非
明示的であり、これらの「調整」の重要な部分は建設リスクを移転す
ることの利点に関係していますが、PFI の下で全体の建設コストが低
いという証拠はほとんどないことも示しています。そして、税金に関
して、PFI に基づいて支払われた追加の税の概算は他のより正確な財
務モデルで支払われた総税額の概算よりもはるかに高いことも指摘し
ています[29]。

⑼　ベンチマークと市場化テスト

　ほとんどの契約において、公共部門が公正な価格を支払っているこ
とを確認するために、例えばクリーニング等の一部サービスについて
の価値テスト条項（ベンチマークおよび市場化テスト）があります。こ
れによりコストが増加することもあれば減少することもあります。会
計検査院の以前の調査で、既存の施設管理サービスのコストを評価し
た結果、このベンチマークは PFI の病院や学校の価格を上回る傾向が
あり、公共部門の支払うコストが高くなるとしていました。公共部門
は独自のデータを収集して、価格の上昇を防ぐ必要がありますが、他
の事業で要求される価格に関する情報が限られている公的部門にとっ
ては難しい場合もあります。市場化テスト（サービスの再調達を含む）
は公共部門にとって、時間と費用の掛かる作業となり、新しい入札者
が現れる保証もないことが指摘されています[30]。

⑽　契約解除について

　契約の解除については、多額の前払い資金が必要となります。過去
の事例としてロンドン交通局は、3 件の取引を終了し、4 億 7600 万ポ
ンドの節約を実現しました。これらの契約には契約の途中で適用でき
る中断条項が含まれており、解約のコストを削減することに役立つと

されています。ただ 2000 年以前の PFI 契約の多くは解約条項があり
ません[31]。

　公共部門のデフォルトや早期解約によって、PFI や PF2 契約は、投
資家に補償を提供することになりますが、2004 年以降の標準契約形式
ガイダンスでは以下の補償を求めています。債務者には「債務残高」、
金利スワップなどの「ヘッジ契約を解約するコスト」、また株式投資
家への補償のレベルは、取引が合意されたときに投資家が選択した算
出にかかりますが、①これまでの実際の収益と比較した、契約開始時
に期待される収益（すでに投資家が回収している場合は補償はなし）、
②契約の残り部分の期待収益、③持分権および株主ローンの市場価格
（契約が継続するかのように評価される）といった点、が考えられてい
ます[32]。

(11)　能力と専門知識

　公的機関は、複雑な PFI 契約からの節約を効果的に管理し特定する
ための、庁内での能力及び専門性を持たないことがよくあります。PFI
契約の長期的な性質から、場合によっては取引を交渉した当事者が異
動することがあり、そのことにより専門知識が失われることを指摘し
ます。例えば、2016 年から 2017 年の PFI の支払いの 85％ は、10 年以
上前に下された決定に関連し、42％ は 15 年以上前に下された決定に
関連している、とします。また、新規の契約がほとんどないため、省
庁の民間資金ユニットや財務省や IPA の中に設置された PPP チーム
は、以前よりも小規模になっています。なお、会計検査院の調査では、
11 省庁のうち 8 省庁が、節約部分を見つけるための外部コンサルタン
トを雇っていたことが指摘されています[33]。

2)　庶民院報告書

　次に、2018 年 6 月に公表された庶民院の決算委員会報告書における

指摘を確認しておきます[34]。決算委員会報告書においても、会計検査院と同様に PFI 事業についての厳しい指摘が行われています。

⑴　データの収集と検証

　財務省は、PFI や PF2 のメリットとして、建設費に対する確実性の向上、運用効率の向上、高品質で十分に維持された資産などを指摘していますが、報告書は、これらのメリットは PFI 以外の方法でも実現できるとします。そして PFI や PF2 の事業は、これらのメリットが、PFI 事業を行った際の高い資金調達その他のコストを超える場合にのみ、VFM があるとします。ただ、この点を財務省に対して質問をしたところ、必要な情報がないため「回答不可能」である旨を認めています。また、PFI のメリットに関するデータを収集するのは個々の省庁の責任で行うべきともしています。メリットを数値化しないと PFI が VFM があるかを検証できませんが、財務省は「その価値はある」と主張し続けています。

　これらを踏まえ、決算委員会は、財務省と IPA に対し、PFI のメリットに対するデータを収集するための作業結果を公表し、メリットについてのデータがない場合に現在行われている事業の費用対効果を検証するために彼らが何をすべきかを説明する必要があることを提案しています[35]。

⑵　投資家の利益

　報告書では、一部の民間投資家が、PFI 事業から大きな利益を上げている点を取り上げています[36]。ロンドンにある環状高速道路の M25 に関する PFI 事業に関する投資家は、購入 8 年後に事業の持分を売却し、30% を超える推定年間収益を実現したとされます。これはほとんどの PFI に関する取引の全体にわたって期待される年間収益の 2 倍以上です。この大きな株式の利益は、契約締結時の民間部門へのリスク移転の価格設定の誤り、すなわち公的部門が過剰に支払っていること

を表しています。

　この問題について、財務省は、元の PFI 株式投資家が株式を売却する際のリターンを計算し、その情報を使用して将来の事業の価格を通知する必要がある旨、報告書で提案しています[37]。

⑶　地方レベルにおける PFI への対応

　次に庶民院報告書は、財務省と IPA は、個々の PFI 事業が地方の予算に与える影響を十分特定し、対処していない点を上げます。PFI は、本質的に柔軟性がなく、地方の予算に大きな影響をもたらし、場合によっては納税者の税金を浪費することを指摘します。会計検査院の報告書でも指摘されていた廃校したリバプールの学校について年に 400 万ポンド支払い続ける件について、IPA は「非常に不幸な状況」として認める一方、PFI コストは省庁の予算のごく一部に過ぎないとの主張もしているとのことです。別の省庁や公的機関が、契約解除することが VFM となり、税金を最も守ることにつながると判断した場合に介入した事例もありますが、財務省と IPA はこのような介入はしていません。例えば、契約を買収する方がよい PFI 契約を調査するなど、介入が役立つ可能性がある点を積極的に監視しません。

　この問題について、決算委員会からの提案として、財務省は、PFI の影響を地域レベルで監視する方法、契約管理の優れた実践を共有する方法、そして PFI の「遺産」に苦しむ公的機関を支援するために積極的な介入のための環境を作るべきとしています[38]。

⑷　会計上の取扱い

　政府の財務諸表については、かつて PFI の債務は貸借対照表に記録されず（オフバランス）、公債の計算から除外されていました。2011 年から、政府の財務諸表が国際財務報告基準（IFRS）に則って行われることとなり、オンバランス化されました。他方で、国民勘定における公共部門純債務や公共部門純借入高の指標では別の基準すなわちオ

フバランスのままです[39]。この点、政府の債務が国民から見えにくく
なるため、報告書においては、このことをもって財務省にとって有利
に働くと指摘しています。

　決算委員会は、公的債務を報告するために PFI 契約を貸借対照表か
ら外し続けることがもはや財務省の要求ではなくなるとすれば、PF2
の元の計画また貸借対照表から外すために行われたその後の調整を再
検討すること、そして会計処理ではなく VFM に焦点を合わせること、
を提案しています[40]。

⑸　**PF2 の利用場面**

　庶民院報告書では、2007 年から 2008 年のピーク時には約 60 件の
PFI 事業が行われていましたがその後減少し、PF2 の改革以降もほと
んど利用されていない点について触れています。事業を提供すること
のリスクを民間に移転するメリットが低下し、少数の低リスクの事業
のみが検討されている場合、どの事業が PF2 の投資に向いているか
は不明であるとします。事業の超過や遅延のリスクを従来よりも効果
的にコントロールできる場合、PF2 投資の将来は限られているのでは
ないか、としています。そのうえで財務省と IPA は、PFI 事業で民間
部門に移転するのが適切と考えるリスクの性質・レベルを明確に示し、
公的機関が PF2 などの民間資金をどう利用することが期待されるかを
示すべきことを提案しています[41]。

3　イギリスにおける議論を踏まえた検討

　ここまでイギリスにおける PFI 事業についての検証が各機関によっ
てなされていることを、特に 2 つの報告書を中心に紹介してきました。
このイギリスにおける検証はイギリス特有の事情であるがゆえにわが
国の PFI 事業へはそのまま妥当しない部分と、わが国へも示唆的であ

る部分があるように思われます。以下ではこの点を検討してみたいと思います。

1) 会計制度の違い

　すでにみたようにイギリスの公会計制度では発生主義がとられているものの、PFIで生じた負債はバランスシート上簿外とされていました。この点がPFI事業を推進する上では大きな「メリット」となっていた点は、会計検査院報告書でも指摘されています。なお、2009年からは発注者である各省庁の決算書において国際財務報告基準（IFRS）が適用されるようになりオンバランス化し、また政府全体の決算書についても同様にIFRSにのっとりオンバランス化されています。しかし、国民勘定においてはいまだにオフバランスとなっていて、国民からはPFIの債務が見えにくい状況が続いています。

　これに対して日本では、現金主義が重視され、オンバランスかどうかは大きくは問題とならない状況です。さらに財政法15条の国庫債務負担行為および地方自治法214条の債務負担行為によって、PFI事業に関わる国、地方公共団体の将来年度の支払総額を把握することが可能です。ただ、将来毎年度どの程度の支払額となるのか、国、地方全体、各地方公共団体レベルで知ることは困難であるとされます。また、有形固定資産建設・取得に関わる部分のPFI債務を公債費に準ずる取扱とし自らの標準財政規模と比較して過度の債務負担を負わないようチェックする仕組みもあるため、イギリスに比してPFI債務のコントロールはしやすい状況ではあります。このように会計制度の違いがあることから、イギリスの経験については直接的にはわが国に当てはまらない部分もありますが、債務の透明化の課題については、両国ともに国民・住民が把握しやすくするような工夫が必要であると思われます[42]。

2) VFM 評価

　イギリスでは、VFM の評価をする際には「量」より「質」を重視し、リスク移転、とりわけ建設リスクが重視されることはみてきました。ただリスクの特定をしたり、定量化したりすることそのものの困難性もいわれており、リスクの期待値捜査の危険性、恣意性への批判などもあります。さらに、一般に、民間による資金調達の方が高くつくので、PFI が VFM を達成するためにそのメリットを定量化する必要がある、との説明もされています[43]。しかし日本では、この説明はあまり意味を持ちません。つまり、リスク移転の話は PFI 事業を導入する場面では指摘されるものの、それよりもいくら効率的に行われたかという「量」の方が重視される傾向にあり、この点でリスク移転とは無関係に VFM が得られているとの評価もされています[44]。この点は、イギリスとは違っています。

　さらに、建設リスクを高く見積もるイギリスでは、対象の施設建設が終了した段階で SPC の株式を借り換える形で利益がでていたこと（windfall gain）への批判も起きており、この点が PFI 事業そのものへの批判となっていることが指摘されていますが、わが国では、SPC の株式をファンドなど純粋投資家が持つことが稀なので、現時点ではかかる問題は指摘されていません[45]。

3) 誘導政策

　イギリスでは、ブレア政権下において地方自治体に対して PFI 事業を推進する政策がとられたことはすでに述べました。標準契約書の整備や地方自治（契約）法の改正などとともに行われたのが、「PFI クレジット」という形で補助金を出す政策です。地方自治体にとっては、PFI を利用する大きな動機付けとなったといわれますが、政権交代後の 2010 年の歳出調査において廃止されました[46]。

日本では、6度にわたるPFI法の改正により、現時点においてもPFI事業を推進しようとする強力な動機付けを行っています。特に、民間事業者に対する手厚い保護策、国有財産の無償使用（PFI法71条）、資金調達、地方債についての配慮（同法73条）、土地の取得についての配慮（同法74条）、技術支援（同法81条）等があり、さらにインフラファンドを作って資金提供の支援をすること（同法31-67条）、公務員派遣制度を作ってPFI事業の申請を容易にすること（同法78・79条）など、相当に手厚い支援策が講じられています。また、わが国の特徴としては、公共施設等総合管理計画にみられるように、期限を切った形で誘導しようとする点も特徴的です。この点は、腰の重い自治体を動かすという意味があるかもしれませんが、期限に間に合わせるためだけにPFI事業を導入することを自治体に強いることになり、議論が成熟しないまま決定が下される可能性があるという問題点があります。
　いずれにしても、この誘導政策で利用されるリソースを含めてVFMの計算をした場合どのようなことになるのかは不明です。

4）　柔軟性の欠如と対象の限定

　イギリスでは、PF2の改革において、PFIの事業対象からソフトサービスを排除する改革が行われました。これはすでにみたように、ソフトサービスをPFI事業で行う方がむしろ非効率であるという議論とともに、長期契約の下で柔軟性を欠いた契約を締結するというPFI事業の性質からすると、向いていないのではないかとの指摘をふまえてのことです。
　例えばPFIに適する分野として言われているのが、「大規模、複雑、高い維持管理基準、初期投資が大きい」事業が挙げられます。これに対して適しない分野としては、「小規模、技術革新の早い分野、長期需要予測が十分にできない分野」などが挙げられています。

わが国では、現時点では、導入分野の適切さの判定はしていないようです。むしろ骨太の方針 2019 では、「20 万人以上の地方自治体における実行性ある優先的検討の運用」とまで述べています。この点、現政府は、とにかく PFI 事業の規模を拡大することに前のめりになりすぎているように思われ、目的と手段とが逆転しているかのようです。この対象分野の限定の問題は、イギリスでの経験を、わが国でも冷静に取り入れるべき部分の一つといえます。

5)　労働者の保護

　ブレア政権下で PFI 制度を含めた PPP 政策が進行したが、ブレア政権は労働者の犠牲のもとに民間企業が利益を得ることを否定し、営業譲渡（雇用保護）規則（Transfer of Undertakings [Protection of Employment] Regulation: TUPE）の適用、あるいはこの TUPE の適用がない場合もその原則を適用するべき、としています。つまり、民間企業に運営主体が変更されたとしても、労働条件は従来のまま維持することによって労働者を守るための仕組みです。これはさらに、公的機関から民間事業者に移った者だけでなく、民間事業者が新規に採用したものにも適用される（TUPE 2）というように拡大されています。

　これに対して、わが国の PFI を含めた行政の民間化政策は、ややもすると労働者の労働条件を切り下げることによって、「効率性」を達成しようとしている側面があるようにも思われます。さらにいうと PFI を含めた民間化を推進する者のなかでは、この TUPE について、公務員身分保障はく奪の受け皿という点で注目している、との見解があり、イギリスとは異なる文脈で紹介がされていることも指摘されています[47]。

　この点、労働基本権の保護という点において、わが国は正しい文脈でイギリスに学ぶべきと思われます。

6)　説明責任

　いくつかの決算委員会の報告書では、PF2 改革の段階での PFI 契約における透明性や説明責任について触れられています。例えば、「財務省および内閣府は、PFI 形態によるかどうかを問わず、民間企業による公的サービスの提供について、情報自由法の規定に縛られる可能性があるか、再考しなければならない」[48]、あるいは「公的部門と民間部門の両方への PFI 事業の全費用と利益の透明性について、商業上の秘密の背景に隠れている省庁や投資家によって不明瞭にされてきた」、「契約が締結された後は、商業上の秘密によって、一般市民や議会、意思決定者が情報にアクセスする可能性が制限されるべきではない。情報の自由は公共サービスを提供する民間企業にも拡大されるべき」、「財務省は、商業上の秘密とそれが適用される例外的な状況を定義するべき」[49]といった指摘です。この点は、わが国の情報公開制度における法人情報の運用においてもいえることだと思われます。

　さらに、PFI が VFM を得るかどうかについて利益に関するデータが財務省にはないという点も、残念ですがわが国にも当てはまります。国会での答弁で、内閣府の PFI 推進室が、「このバリュー・フォー・マネー、専ら特定事業の選定の可否、若しくは事業者の選定の可否を決定する段階の基準であることから、事業終了段階においてあえて当該事業のバリュー・フォー・マネーを遡って算定するということはしてございませんので、各公共団体もあえてそういうことをやっていない限りは、事業決定前の数字がある、それを集計しているものでございます」として、VFM はあくまで申請時点での問題であるとの認識を示しています[50]。これでは PFI 事業の効果等について検証を行い、説明責任を果たしたうえで、今後の PFI 事業導入の可否に生かすようなことはできません。

　さらに、PFI の説明責任の一つとして VFM（効率性、有効性、経済

108

性）がとりあげられることがありますが、これはあくまで経済的合理性についての説明責任を示すものにすぎず、これだけでは政治的説明責任を果たしていないのではとの指摘があります。特に、イギリスのPFIの場合は非制定法的権限をもとにした契約なので、議会の関与が少ないことを踏まえ、政治的説明責任を果たすため、PFIなどの契約に対する議会の積極的関与を指摘する見解があります。そこでは、例えば、病院建設の場合の場所の適切性、民間による運営が本当に最適なのか、当該事業の隣接地域への影響、民間部門が患者の個人情報保護に最適化といった考慮事項も検討しないといけないとの指摘がなされます[51]。このような点は、わが国でも参考にするべき議論であると思われます。

7) コンセッション

　イギリスで利用されている方式がわが国のコンセッション制度といえるのかどうかという問題はありますが、イギリスのPFIのなかでも独立採算型のPFIがそれにあたるかもしれません。イギリスでは、M6有料道路や、ルートン空港、ロンドンの鉄道などが挙げられ、コンセッションフィーを生み出す成功事例かのように紹介されることもありますが、たとえば鉄道の場合はすでに再国有化するような状況もでてきており、必ずしも一般化されているとはいえない、との指摘があります[52]。

　わが国のコンセッション制度は、2011年のPFI法改正で導入され、現政権がこの制度を使ったPFI事業を拡大しようとしています。なお、PFI法制定当初は、設計、建設、運営等を一体として行うことによるメリットが叫ばれていましたが、コンセッションは「運営権」のみを切り出すことなので、事業を一体として行うことにはつながらない面があります。当初の想定からPFIも変容しているように感じます。

8) 会計検査院等の機能

　最後に、イギリスの会計検査院の機能について触れておきます。この間、イギリスの会計検査院は PFI 事業に関する検証を行い、60 件以上の報告書を公表しています。1983 年の国庫検査法（National Audit Act 1983）6 条において、「経済性」「効率性」「有効性」を検査する権限が明記されておりそれを利用しています。特にイギリスの会計検査院は、政策の当否に立ち入らず、会計専門職として客観的な検査に基づき、政府の責任追及主体に情報提供したり、改善を提案する役割（同法 6 条 2 項）を果たしています[53]。国会の決算委員会の報告書も併せて、公正中立な立場から PFI を評価し、問題提起を行う点は、今般のイギリスの PFI の問題性を明らかにするために大きな役割を果たしてきました。わが国においても、第三者的に検証をできる環境をより整備していく必要があると思われます。

おわりに

　以上では、イギリスにおける PFI 事業からの撤退する動きを踏まえ、その背景を考察するとともに、わが国の PFI 制度へ示唆する点があるか検討してきました。イギリスが PFI から撤退するに至った理由として、会計制度における PFI による債務のオフバランスの問題、投資家が高額な利益を得たことに対する国民の反発の問題があったこと、またリスク移転に VFM の重点を置いており、特に建設コストを高く設定していることなど、イギリスに特有の事情のものもあることを紹介してきました。

　しかしこれら特有の事情の存在から、今回のイギリスの経験はわが国には示唆的ではないとするのは早計です。VFM の「質」の評価、アカウンタビリティと透明性の向上に向けた問題提起、PFI 適確事業の

類型化、労働者の保護にむけた政策の導入、そして公正中立な「検証」を行うことができる環境など、大いにわが国が参照しなければならない部分があるように思われます。特に、わが国の場合は、経済成長を前面に押し出すあまりに、PFI 事業を行うことが自己目的化しているかのような状況です。あくまで PFI は、より良い行政を行うための手段の一つですので、これが逆転するような状況は好ましくありません。そして、国民や住民にとってよりよい行政になっているのかを検証することを阻害するかのような、VFM の利益のデータの未収集の問題は、あまりにも無責任に感じます。イギリスでの経験を胸に刻み、今こそわが国でも PFI 事業の検証をすべき時であるように思われます。

注

1　リーマンショックやユーロ危機以前のイギリスの PFI 事業を分析するものとして、榊原秀訓「PFI―イギリスとの比較を中心にして―」日本財政法学会編『公業務の私化と財政法統制（財政法叢書第 24 号）』（全国会計職員協会、2008年 3 月）49-68 頁、榊原秀訓「PFI における VFM」三橋良士明・榊原秀訓編『行政民間化の法的分析』（日本評論社、2006 年）174-196 頁。

2　近年のイギリスにおける PFI 事業からの撤退に関して分析を行ったものとして、榊原秀訓「イギリスにおける PFI の『終焉』と現在の行政民間化の論点」南山法学 42 巻 3・4 号（2019 年）161-191 頁参照。

3　「経済財政運営と改革の基本方針 2019―『令和』新時代：『Society 5.0』への挑戦―（骨太の方針 2019）」（2019 年 6 月 21 日閣議決定）。

4　内閣府 PPP/PFI 推進室『PPP/PFI 推進アクションプラン（令和元年改訂版）』（2019 年 6 月 21 日）。

5　尾林芳匡・入谷貴夫編『PFI 神話の崩壊』（自治体研究社、2009 年）参照。

6　西尾市の住民訴訟については、市川兵之助「自治体の公共事業のあり方を問う」（https://www.jichiken.jp/about/networks/shohou/015/、2020 年 6 月 30 日閲覧）参照。また、西尾市の問題に現れた、わが国の PFI 事業と個別法との抵触問題について、庄村勇人「PFI 法と個別法との関係についての法的考察」法

の科学 50 号（2019 年）127-131 頁。

7　一つは、民間資金を活用する場合はよりよい費用対効果を証明しなければならないこと、二つは一部例外を除き民間式が投入された分だけ公共支出は削減（相殺）されなければならないこと（自治体国際化協会「英国における民間活力導入施策」（2000 年 3 月）8 頁参照）。

8　同上、12 頁。

9　Japan Local Government Centre「英国の地方自治体によるインフラ投資への資金調達方法（その 2）」（2015 年）（https://www.jlgc.org.uk/jp/monthly_topic/uk_jul_2015_01/、2020 年 6 月 30 日閲覧）。

10　"Office for Budget Responsibility", *Fisical Risks Report*, (2017), pp.236-237.

11　National Audit Office, PFI and PF2, HC718 Session 2017-2019 (2018).

12　House of Commons,Committee of Public Accounts, Private Finance Initiative, HC894 Forty-sixth Report of Session 2017-2019 (2018).

13　HM Treasury and The Rt Hon Philip Hammond MP, Budget 2018: Pilip Hammond's speech (2018).

14　榊原・前掲注（1）「PFI における VFM」、182 頁以下参照。

15　同上、182 頁。

16　馬場康郎「PFI は終わったのか―英国は PFI・PF2 に終止符―」（https://www.murc.jp/report/rc/column/search_now/sn181106/、2020 年 6 月 30 日閲覧）。

17　難波悠「PFI から PF2 へ―英国の改革政策―」東洋大学 PPP 研究センター報告書 19 号 1 頁。

18　PF2 改革については同上の他、岸道雄「PFI における本質的問題に関する一考察」政策科学 21 巻 1 号（2013 年）15 頁以下、坪井薫正・宮本和明・森地茂「英国での改革の論点を踏まえての我が国における PFI の実態分析」会計検査研究 53 号 49 頁以下（2016 年）等参照。

19　National Audit Office, *op.cit.*, n.11, pp.4-5.

20　*Ibid.*, p.9.

21　*Ibid.*, p.10.　なお、PF2 では清掃やケータリングのようなソフトサービスは契約から除かれています。

22　*Ibid.*, pp.10-11.

23　*Ibid.*, p.11.

24 *Ibid.*, pp.14-15.

25 建設費、資金調達費用、ライフサイクル交換費用、メンテナンス・サービス
など公共部門が一括で毎月支払う費用。

26 National Audit Office, *op.cit.*, n.11, p.30.

27 *Ibid.*, pp.17-18.

28 *Ibid.*, p19.

29 *Ibid.*, pp19-20.

30 *Ibid.*, p.30.

31 *Ibid.*, p.32.

32 *Ibid.*, p.33.

33 *Ibid.*, p.34.

34 House of Commons, Committee of Public Accounts, *op.cit.*, n.12.

35 *Ibid.*, p.5.

36 岸本聡子・三雲崇正・辻谷貴文・橋本淳司『安易な民営化のつけはどこに』
（イマジン出版、2018 年）80 頁以下。

37 House of Commons, Committee of Public Accounts, *op.cit.*, n.12, pp.5-6.

38 *Ibid.*, p.6.

39 馬場・前掲注（16）参照。

40 House of Commons, Committee of Public Accounts, *op.cit.*, n.12, p.7.

41 *Ibid.*, pp.7-8.

42 岸・前掲注（18）19 頁。

43 馬場康郎・本橋直樹・大野泰資「さらなる拡張か、衰退か～英国の現状を踏
まえ、我が国の PFI の今後を考える」三菱 UFJ リサーチ＆コンサルティング政
策研究レポート（2018 年 6 月 27 日）14 頁参照。

44 榊原秀訓「PFI イギリスとの比較を中心にして」日本財政法学会編『公業務
の私化と財政法統制（財政法叢書 24 号）』（全国会計職員協会、2008 年）52-53
頁。

45 馬場・本橋・大野・前掲注（43）15 頁。

46 HM Treasury, Spending Review 2010, (2010), 1.16. なお、国土交通省総合政
策局、株式会社日本総合研究所「英国の PPP/PFI 施策調査業務報告書」（2017
年 2 月）IV-7 も参照。

47 榊原秀訓「比較の中の行政民間化」三橋良士明・榊原秀訓編『行政民間化の

公共性分析』（日本評論社、2006 年）60-62 頁。

48　Public Account Committee, Equity Investment in Privately Financed Projects, (2012) .p.5.

49　Public Account Committee, Lessons from PFI and Other Projects, (2011). pp.5-6.

50　第 196 回国会内閣委員会第 18 号 2018 年 6 月 12 日（石崎和志政府参考人）発言。

51　Nikiforos Meletiadis, *Public Private Partnerships and Constitutional Law*, (Routledge, 2019), p.77.

52　「座談会 20 年目をむかえた PPP/PFI」ジュリスト 1533 号（2019 年）19-20 頁（榊原秀訓発言）。

53　上田健介「会計検査院の組織と作用」榊原秀訓編『行政サービス提供主体の多様化と行政法』（日本評論社、2012 年）81 頁以下。

第5章

イギリスのインソーシングと社会運動

尾林芳匡

はじめに
──イギリスのインソーシングに学ぶ

　イギリスのインソーシングは、民営化による行政サービスの質の悪化を批判し、公営化を求める社会運動によっても後押しされています。わが国の市場化テスト法の導入に際しても、これを批判する視点で、イギリスにおけるこうした社会運動の一端が紹介されてきました[1]。
　イギリスでインソーシングが進む今日、その推進力のひとつとなってきた社会運動の動向について、日本の運動にとっても接しやすいものをいくつか紹介していきます。

1　労働組合の動き（その1）= UNISON

1)　UNISON（ユニソン）のあらまし
　UNISONは組合員130万人以上を擁する、イギリスでも有数の大きな労働組合です。1993年に、国家地方公務員協会（NALGO）、国家公務員組合（NUPE）、保健サービス従業員連盟（COHSE）の3つの公

115

共部門労働組合が合併して結成されました。組合員の多くは、地方自治体、教育、NHS（国民保健サービス）の職員などです。

2) 職場の交渉と社会的活動

　UNISON は、労働者の相談の窓口となり、職場での交渉による労働者の権利擁護に取り組むとともに、全国的な民営化の受け皿の企業とも労使関係を築く努力をしています。

　さらに、年金制度についての国民的な要求を取り上げたキャンペーンを展開したり、民営化そのものについて批判し、公共性を擁護するキャンペーンも展開してきました。「Positively Public Campaign」（今こそ積極的に公共性）などです[2]。

3) UNISON 書記長の最近の民営化批判

　UNISON のデイヴ・プレンティス（Dave Prentis）書記長は、2019年9月の TUC（イギリス労働組合会議）の会議で次のように発言しました[3]。

　「民営化は 80 年代に失敗し、90 年代にも失敗し、今日も失敗しています。利益は大企業が得ていますが、そのコストは労働者、将来の世代、提供されるサービスを切実に必要としている人々が負担しています。

　今、ボリス・ジョンソン（英首相）が最高入札者に私たちの NHS（National Health Service 国民保健サービス）を売り払うという脅威があり、これらはすべて、ドナルド・トランプ（米大統領）との汚らしい貿易取引のためのものです。

　民営化をつぶすことは、私たちの最優先課題です。民営化されたケアサービスは崩壊しており、公共部門の仕事は、公共の利益よりも民間の利益を気にする人たちによって追い出されています。

民営化で利益を受ける金持ちで強力な企業や事業者は、民営化が引き起こす損害を気にしません。しかし、行政サービスに依存している人々はそうではありません。私たちの仲間、多くの課題があってもこれらのサービスを継続させている低賃金のスタッフは、そうではありません。

　公的資金は、最も法外な方法で、権力者やオフショア企業の懐に吸い上げられています。これは暴挙であり、終わらせなければなりません。……

　コストがかかりすぎるから無理だという疑念を持つ人には簡単な答えがあります。民営化を終わらせるための資金は、金持ちに課税することで調達できます。これ以上の税の抜け穴や富裕層への手当てではなく、タックスヘイブンを閉鎖し、すべての企業や銀行に社会への公平な負担をさせることです。

　イギリスは世界で最も裕福な国の一つであるにもかかわらず……600万人もの子どもたちが貧困の中にいます。これは絶対に不名誉なことですが、緊縮財政と民営化によってもたらされたものです。民営化は人を堕落させ、傷つけ、破壊するものです。民営化は決して必要ではなかったし、これからも必要ではありません。民営化と緊縮財政の有毒な組み合わせは、ひとつの政治的な選択でしたが、この無茶苦茶な利益至上主義に代わる選択肢があります。その代替案とは、行政サービスです。国民のために、国民によって提供される行政サービスです。欲望に基づくのではなく、人々の必要性に基づくものです。

　……いまこそ、私たちの経済の支配、私たちの仕事と、私たちの行政サービスを取り戻す時です。……」。

4）　民営化批判と再公営化を進める UNISON

　この十数年をみるだけでも、UNISON は一貫して、民営化を批判し、

行政サービスの回復と充実を訴え、緊縮財政ではなく、大企業や富裕層の税のがれやタックスヘイブンを改めることで財源を手当てすることを、国民に訴えてきました。労働組合のこうした活動が、イギリスのインソーシングの大きな力となっています。

2　労働組合の動き（その2）= UNITE the UNION

1）　UNITE the UNION

　ユナイト労働組合（UNITE）は、イギリスでも巨大な労働組合で、ロンドンの中心街に本部ビルがあります。組合員数は、約140万人に達し、組合員は、20部門、10のエリアに分かれています。組合員の従事する産業は、製造業、自動車、鋼鉄などで約30万人、交通、バス、港などで約35万人。サービス業やユーティリティで30〜40万人です。一つの国くらいの人数がいます。何回か組合組織を統合し、2007年に現在の形になりました。

2）　UNITE the UNION の「インソーシングガイドブック」

　UNITE は公務部門の組織化も進めており、APSE の研究成果に基づいて、「インソーシングガイドブック」を発行しています。その中身のあらましを紹介します[4]。
①はじめに
　UNITE は地方自治体の行政サービスのインソーシングのキャンペーンをしています。インソーシングは、行政サービスを公共の所有に取り戻すことです。地方自治体が直接雇用する労働者により直営でサービスを実施することです。それは公的に所有され、公的に運営され、民主的に説明責任を負うことを意味します。サービスは、お金持ちの投資家や株主の利益のためではなく、公共の利益のために運営されま

118

す。……この短いガイドブックは、労働組合の指導部、地方自治体の当局や市民運動家が行政サービスを直営に取り戻す上で参考になるように製作されました。

②法律

③地方自治体アウトソーシング年表

④論争——インソーシングを支持する事情

「アウトソーシングをやめることは理にかなっています」として、次のような点をあげます。

(a)経費節約

直営はアウトソーシングより安い経費で運営できます。なぜならアウトソーシングのための契約の経費や株主への利益配当がなくなるからです。

(b)サービスの質の向上

地方自治体がインソーシングを選択する共通の理由は、民間事業者のサービスの質が低いことです。民間事業者は、入札の際には経費を過少に見積り、結局は委託契約がすんでしまえばサービスの質を切り下げてしまうことができます。私たちは支払うだけのサービスを得られないのです。これに対し地方自治体はしばしば、直営のサービスで住民の要求にこたえています。多くの行政サービスはすでに非常に効率的に運営されていて、サービスそのものを犠牲にしなければ経費を削減することは困難です。外部委託はしばしば、働き手の専門性を下げ、サービスの受け手の住民と接する時間を削って経費を削ります。民間委託により予算が削減されサービスの質が二次的なものになると、さらに深刻です。

(c)労働条件の向上

民間企業が安い経費で委託を受けるには、サービスの質を下げるか、働き手の労働条件を下げるか、どちらかしかありません。利益を上げ

る必要があれば特にそうなります。地方自治体の労働条件で働いていて民間に移籍した労働者は、労働条件の引き下げを受け、公共部門の年金を失います。TUC（労働組合会議）などの調査によれば、委託先民間企業の労働者は、同種の公的部門の労働者より労働条件が低く、このことが責任感や意欲そしてサービスの質に影響しています。

　(d)経営リスク

　アウトソーシングはリスクを伴います。カリリオン（Carillion）の経営破綻は、民間営利企業に行政サービスを依存することの巨大なリスクを示しました。契約途中で破たんする例は、他にもあります。

　(e)透明性・説明責任

　行政直営のサービスは住民や労働者に対して圧倒的に透明で説明責任を果たすことができます。地方自治体は、地方議員を私たちが選挙で選び、当局は住民に説明責任を負う、民主的な組織です。アウトソーシングは、運営の透明性や説明責任について深刻な問題を起こします。アウトソーシングすれば、行政サービスは情報公開や監査などの民主的な説明責任の手続からはずされます。実際にはこのために、サービスの質の低下やおいしい部分のつまみ食いや帳簿操作などが企業秘密の覆いの陰で起きるのです。

　(f)柔軟性

　アウトソーシングされた行政サービスは、どんな変化があっても、委託契約の内容を変更するために費用と時間を必要とします。民間事業者はしばしば、委託契約の外のサービスのために、法外な費用を請求します。直営のサービスは、同じ地方自治体の他のサービスと統合され、資源や人材は必要な部署に動かすことができます。

⑤インソーシングの進め方

　長年にわたりアウトソーシングが上から押し付けられてきましたが、今でも地方自治体がインソーシングを実現していける多くの方法があ

ります。いくつかのインソーシングの法令上の障害がありますが、あらかじめ計画的に進めることで、法令上の障害を乗り越えることができます。

(a)直営中心の政策を確立する

(b)契約期間満了や終了条項にふさわしい計画を持つ

(c)インソーシングの対象分野を明確にする

(d)2年程度の準備期間を設けて運営体制を準備する

(e)直営でサービスを実施する人員や技能を確保する

(f)健全な見積もりと証拠資料に基づく基準を設けてしたがう

(g)リスクを定義し予測する

(h)財政を確保する

(i)労働組合や労働者との協議

(j)社会的調達についての政策

(k)契約の交渉や実行と民間事業者への監督の能力の向上

(l)法令を活用した委託契約の終了

⑥地方自治体におけるインソーシングの動きの構築

⑦労働組合による支援

⑧よりくわしい情報

3) 水道企業の労働組合と水道民営化の実態

　2019年の訪英の際に水道企業の労働組合役員の話をうかがうことができました。以下はその内容です[5]。

　アングリアンウオーターは、1973年に10の水道会社のひとつとして作られ、1989年に民営化されました。東イングランドを担当していて、顧客は600万人で、イギリスの4分の1に当たる1257の下水処理場を持っています。地理的にみるとイギリスで一番大きな水道会社であり、アングリアンウオーターグループの傘下で、投資会社が保有し

ている会社です。

　イギリスにはオフワット（Ofwat＝Office of Water）という規制機関があり、ここが水の企業を見張る監察の役割をしています。ここから設備改善のために13億ポンド投資せよ、と指導を受けました。とりあえず3億ポンドだけ投資し、これ以上の設備投資は無理である、というスタンスです。オフワットの指導を下回る設備投資しかしないということは、当然サービスの低下をまねきます。労働者にも影響が出ます。現場の水道設備、とくに漏洩を防止するための施設の設備更新にも影響します。環境に与える影響もあります。援助が必要な利用者への影響も計り知れないものがあります。

　指導されても設備投資をしないというのは、どの水道会社にも共通するテーマです。コルチェスターの下水処理場では、12万人の下水を処理できますが、2011国勢調査によると、コルチェスターの人口は12万1850人で、処理可能な量を超えてしまっています。国勢調査に含まれない人数として、エセックス大学の学生8000人、基地の4000人もいます。この4、5年で新しいビルが建っているのに、設備投資がなされず、下水処理が能力を超えてしまっています。コルチェスターだけでなく、イギリス全土に似た事態が生じています。

　漏洩率についても、この5年で実績を上げなければいけない目安があり、オフワットから、常時25％にまで改善するように指示が出ています。できなければ3分の2のペナルティがあり、報償は3分の1というシステムです。5年間の計画の中で、まだいくらつかうか発表されていません。これでまたペナルティを受けると、支払うお金が多く、投資にまわらず、負のらせんになっています。

　水道会社は、たいへんに収益が上がります。2013-2017年に水道会社全体で配当金が65億ポンドにのぼりました。規制機関であるオフワットは、利用者のための監視が務めなのに、見逃し、目をつぶる政策

をとりつづけています。利用者のために、今後各世帯に 40 ポンド配る
アイデアがありますが、それは微々たるものです。水道会社を通じて
借金をし、結局投資家への配当にまわっています。

4) 労働組合が行政サービスを監視しインソーシングを推進

　UNITE は、行政サービスの質や財政を、住民の立場に立って常に
監視し、監督すべき行政機関の行き届かないところも指摘しています。
行政サービスに従事する労働者やその組織である労働組合が、自分た
ちの労働条件の維持向上という視点だけではなく、住民の利益や行政
サービスの質の維持向上の視点でサービスの内容を監視し、発言を続
けています。とくに、2019 年 11 月に刊行されたパンフレット「イン
ソーシングガイドブック」は、地方自治体関係者や住民・労働者が民
営化を批判しインソーシングを進める上で、入手しやすいパンフレッ
トとなっていて、大部の研究報告書と違い、より幅広い層に手に取り
やすいものになっています。こうした労働組合の活動も、インソーシ
ングの力となっています。

3　トランスナショナル研究所（Transnational Institute）

1) 世界的調査

　オランダのアムステルダムに本部をおくトランスナショナル研究所
は多くの公務関係労働組合とも協力して世界中の民営化の問題点や再
公営化の事例を集めて分析し、結果を公表しています。イギリスの研
究団体ではありませんが、調査結果は web 上でも公開されて入手しや
すい上、担当の研究員に日本人の方がいることから、日本語版も出て
おり、アクセスしやすくなっています。

　最新の調査結果によれば、2000 年から 2019 年の間に、58 か国、2400

以上の町が行政サービスを「公」の管理下においています[6]。

2) イギリスのインソーシング

　以下では、同研究所の報告により、イギリスのインソーシングの状況を紹介します。

　イギリスでは110の事例が報告されています。内訳は次の通りです。

　水道＝2、地方行政サービス＝55、エネルギー＝13、教育＝4、医療・福祉サービス＝9、地域交通＝12、廃棄物回収処理＝15などです。

　2018年と2019年に大手PFI企業2社が倒産しました。2017年には64件だった（再）公営化事例数は、2019年には108件に増えました。

　2008年以降、あらゆるセクターで、これまでアウトソーシングしていた業務を自治体が自ら提供するインソーシングの動きが加速しました。特に地方行政サービス（情報技術、住宅、清掃管理）、廃棄物回収処理、地域交通でこの傾向が顕著です。

　水道、エネルギー、鉄道、郵便、NHS（国民保健サービス）の公的所有は、住民の広い支持を得ています。例えば、公営水道については、支持率は83％と報告されています。

　再公営化、サービスのインソーシングで生まれる新しい行政サービスは、単に経営者が変更するだけなのではなく、民主的な公的所有のあり方を求める動きをさらに加速させています。

3) 新型コロナウイルス危機と行政サービス

　新型コロナウィルス危機により、緊縮財政や社会保障費の削減、医療サービスの民営化がもたらす負の影響が、世界的に明らかになりました。進歩的な勢力は、具体的な解決策として、まともな仕事、すべての人々のための行政サービス、危機に強い地域経済など、地方自治体や社会の民主主義基盤を強化するような、実行可能な公共的対案を

示すことが求められています。

4) 専門家と市民をつなぐ研究所

　トランスナショナル研究所は、各国の研究者・研究機関や労働組合と協力関係にあり、その刊行物は特定の国の制度について専門的な分析をするというよりも、世界的なトレンドを市民にわかりやすく伝えています。この意味で、専門家と市民の橋渡しをする役割を果たしてきています。ここで集められた各地の取り組みが、また各地の民営化批判や再公営化の運動を励まして推進する役割を果たしています。

4 「WE OWN IT」（私たちこそ所有者だ）運動

1) 民営化を批判しインソーシングを推進する市民運動

　イギリスの市民運動として、公共のものに取り戻す運動をしている「WE OWN IT」があります。この運動も 2019 年 11 月の訪英の際に詳しく話を聞くことができ、以下はその内容によるものです[7]。

2) 「WE OWN IT」のあらまし

　「WE OWN IT」の運動は 2013 年に設立されました。Bristol で、バスや電車など公共交通機関のサービスが不十分で、改善のための運動をはじめたことが源流でした。運動がはじまったのは 2006 年で、当時は、「私たちの公共交通」というグループの運動でした。運行やサービスが乗客のために機能していないことを痛感していた住民が、公共交通を改善しようとはじめました。

　イギリスは、サッチャーの民営化を世界に普及させる役割を果たしましたが、市民から公的所有が支持されている面もあります。民営化を成功とは思っていない市民が、公的所有を支持しています。イギリ

スでも世界でも、民営化が経済的にも社会的にも機能していないことを示す資料は山のようにあります。TNI（Transnational Institute）の調査や、グリニッジ大学の調査などです。

3) 研究報告を読む時間のない人にわかりやすく

「WE OWN IT」は、草の根の人に民営化の問題点やインソーシングの必要性を伝えることが役割です。多くの労働組合と協力して活動しています。市民団体がいろいろな人たちと力を合わせて運動することが重要です。「WE OWN IT」の活動は、研究機関が出している詳細な報告書などを読む時間がない人のために、わかりやすく発信することを心がけています。SNS や YouTube での発信も活発に行っています。

「WE OWN IT」の活動によるいくつか具体的な成果があります。土地投機機関の民営化を阻止したこと、National Health Service（国民保健サービス）の医師派遣団体の民営化を阻止したこと、刑務所・矯正施設の民営化を全国的に阻止したこと、東海岸鉄道を国営に戻したこと、などです。

「WE OWN IT」は、行政サービスには特別に重要な意味があり、自然独占となっていて競争に意味はなく、行政サービスには民主的な統治が必要であると考えています。2017 年の総選挙で野党の労働党が公約を発表し、鉄道、水、エネルギーの再公営化、これ以上の NHS の民営化を許さないことを公約したことは大きな契機になりました。

4) 「WE OWN IT」の「民営化がよくない 10 の理由」

「WE OWN IT」は、「10 reasons why privatisation is bad for you」（民営化がよくない 10 の理由）を訴えています。以下のような内容です[8]。

①サービスが悪くなる

　行政サービスには、人々の世話をすることが含まれています。しかし、民間企業は手抜きや投資不足で行政サービスから利益を得ています。利益を上げることと、ケアに時間をかけることの間には矛盾があります。例えば、民間の介護労働者は、介護している高齢の弱者とお茶を飲むために立ち止まることができないことがよくあります。

②民営化の方がコストがかかる

　行政サービスが民営化されると、納税者として、税のほかにまた直接利用料金を支払うことになります。水道代、エネルギー代、電車やバスの料金が実質的に上昇し続けていることに気づいていますか？　また、アメリカの民営化された医療システムの費用は、私たちが私たちの医療システムに支払っている費用の2倍もかかっていることを知っていますか？　民営化されたサービスでは、利益は株主に支払われなければならず、より良いサービスに再投資されることにはなりません。民間企業の金利は政府よりも高いものです。さらに、人工的な市場を作った上で規制するための体制を作ろうとすれば、余分なコストがかかります。

③民間企業の説明責任を問えない

　民間企業がサービスを運営していても、民主的に説明責任があるわけではありません。あなたは民間企業に対する発言権を持っていません。行政サービスを提供するための契約は、非公開のドアの向こう側で民間企業と政府の間で合意されています。透明性・公的説明責任・公的監査はほとんどありません。民間企業は「企業秘密」でまもられているために、情報公開請求の対象にはなりません。民間企業がサービスに失敗した場合、一般市民には介入する権限がなく、政府（地方および国）には約束を守らせるための時間や専門知識がないことが多いのです。

④民主的な発言権を得られない

　私たちがお店に行くとき、何が欲しいかは、みんなそれぞれが自分で決めています。行政サービスは違います。行政サービスは、私たちがどのような社会に住みたいかを決めるために、みんなで集まって決める機会を与えてくれます。例えば、私たちは将来のためにクリーンでグリーンなエネルギーを望んでいるかもしれませんが、民間企業はエネルギーの「市場」を支配しており、私たちに発言権を与えずに汚いエネルギーに投資していることが多いのです。

⑤民営化は格差社会を作る

　行政サービスは、みんなの基本的なニーズを満たすために重要です。学校や病院はオプションのおまけではありません。私たちはみな行政サービスを必要とし、頼りにしています。つまり、行政サービスは誰もが利用しやすく、質の高いものでなければなりません。民営化はしばしば、豊かな人々がより多くのお金を払ってサービスを買い、私たちが利用しているサービスから脱退することを勧めることになります。これは格差を拡大し、すべての人に優れた行政サービスを提供することを難しくしています。

⑥行政サービスは自然な独占である

　民営化は自由市場と消費者の選択という考え方から導入されました。しかし、行政サービスはしばしば経済学者が「自然独占」と呼ぶものです。例えば、電車に乗るとき、どの電車を使うかは本当に選択の余地がありません。本当の競争はないのです。フェイスブックは、もう一つの比較的新しい「自然独占」です。友だちがみんな使っているなら、使わないことは難しいのです。私的独占はしばしば最悪の事態になります。他を選ぶことができないので、消費者としての力はありませんし、民主的な説明責任の追及を通じてサービスをよくする市民としての力もありません。

⑦民営化でサービスは断片的になる

多くの民間企業が行政サービスの提供に関与していると、複雑で断片的なシステムができあがり、誰が何をしているのかが必ずしも明確ではありません。例えば、私たちの鉄道です。民間企業は必ずしも一緒に仕事をしたり、情報を共有したりするインセンティブをあまり持っていません。そのため、統合されたサービスを提供することが難しくなっています。民営化はNHSを分断化しており、内部市場のコストは少なくとも年間45億ポンドに上っています。

⑧民間企業によるサービスの選択

民間企業は、できるだけ多くのお金を稼ぐことができるように、サービスの収益性の高い部分だけをつまみ食いします。例えば、バス会社は交通量の多い地域でしかサービスを提供しないので、政府が補助金を出してくれない限り、農村地域は損をすることになります。行政サービスを公共の所有権で運営する方が効率的で、利益は必要に応じてネットワーク全体に再投資することができます。保護観察では、リスクが中程度の犯罪者の管理で民間企業がお金を得ている一方で、リスクの高い犯罪者に対しては国が責任を持ち続けています。

⑨民営化で柔軟性が低下する

国会や政府部門は、国民のニーズを満たす責任を負っていますが、民営化は、状況の変化に対する柔軟性を低下させることを意味します。民間企業とのアウトソーシング契約を変更する必要がある場合、政府は変更や改善をしたり、余分なものを追加したり、不要な部分を除外するために、より多くのお金を支払わなければなりません。そして、公共資産や公共の土地（学校の運動場など）を売却することは、私たちが将来必要とするサービスを提供するための公共部門の選択肢や資源が少なくなることを意味します。

⑩民営化はリスクが高い

　Carillion 社の経営破たんで何が起きたのかをみてください。民間企業が行政サービスを運営していて経営破たんし、その影響が大きすぎるときは、行政サービスについて結局、国民の負担で事態を収拾しなければなりません。

5）「WE OWN IT」に学ぶ

　「WE OWN IT」が民営化の問題点を指摘し、インソーシングを訴える行政サービスの分野は、バス、介護、保育、行政サービス、エネルギー、登記、図書館、NHS（国民保健サービス）、公園、刑務所、保護観察、鉄道、郵便、学校、社会保障、水など、多岐にわたります。Webサイトには、こうした行政サービスの各分野が画像入りで一覧できるようになっており、関心のある分野をクリックすると、それぞれの行政サービスの分野で、民営化により何が起きているかがすぐ理解できるように工夫されています。たとえば水道について「WE OWN IT」は、YouTube に「Let's bring water into public ownership（水を公的所有に）」という数分の短い動画を配信しています[9]。

　メディアも民営化の問題では「WE OWN IT」のコメントを重視するようになってきており、最近では Northern Railway の再国営化の際に「WE OWN IT」の代表の Cat Hobbs 氏が BBC に出演してコメントしています。

　労働組合の活動や研究機関の研究成果とともに、それらを市民運動につなぐこうした活動は、わが国でも学ぶべきものがあります。

おわりに
──いまこそ新自由主義的な民営化を脱却する社会運動を

　イギリスのインソーシングを推進する力としての労働組合、研究機関、市民運動を紹介してきました。いまわが国でも、新型コロナをめぐり、保健所や公的医療の体制が注目されるようになり、新自由主義を脱却する社会を構想しようとする動きもあります。

　イギリスの社会運動は、特定の分野にとどまらず行政サービスの各分野の民営化の問題点を全体としてとらえる工夫をしていること、異なる労働組合・研究機関・市民運動がそれぞれの独自の役割を果たしながら相互に連携して社会運動を展開していること、研究機関の明らかにしたデータ等を労働組合がパンフレットにして各地に普及し、市民運動は web や YouTube やマスコミへの働きかけを通してより広い市民に普及していること、国際的な民営化の失敗やインソーシングの動向を国内的な世論形成の力にしていることなど、学ぶべき点が多くあります。

　イギリスの社会運動に学び、わが国でも長年にわたる新自由主義的な民営化の嵐を転換する社会運動が高揚することが期待されます。

注
1　榊原秀訓・家田愛子・尾林芳匡『イギリスの市場化テストと日本の行政』（自治体研究社、2006 年）、尾林芳匡『新　自治体民営化と公共サービスの質』（自治体研究社、2008 年）等参照。
2　尾林芳匡「わが国における行政の民間化」榊原ほか前掲・注（1）142 頁以下参照。
3　https://www.unison.org.uk/news/press-release/2019/09/end-privatisation-disgrace-protect-public-services/ より筆者訳。

4 Insourced Public Services: Unite toolkit for bringing local authority services in-house より筆者抄訳。

5 2019 年の水道民営化を中心とする訪英調査の内容は、尾林芳匡「水道再公営化をみる欧州の旅—パリ・ロンドン—　ロンドン編」住民と自治 683 号（2020 年)、「水道再公営化をみる欧州の旅—パリ・ロンドン—」季刊自治と分権 79 号（2020 年）参照。

6 Transnational Institute "Future is public: toward democratic ownership of public services"（2020 年 5 月）。抄訳として、トランスナショナル研究所（TNI)・太平洋アジア資料センター（PARC)「公共の力と未来　世界の脱民営化から学ぶ新しい公共サービス」（2020 年 9 月）参照。同研究所の日本人研究員である岸本聡子氏の『水道再び公営化！—欧州　水の闘いから日本が学ぶこと—』（集英社新書、2020 年）がある。

7 「WE OWN IT」の活動は、前掲注（5）の各報告とともに、サイト「We Own It: Public services for people not profit」（https://weownit.org.uk/）等を参照。

8 前掲注（7）のサイト（https://weownit.org.uk/privatisation）の「10 reasons why privatization is bad for you」より筆者訳。なお、筆者は「公共サービス 5 つの視点」として、①専門性・科学性、②人権保障と法令遵守、③実質的平等性、④民主性、⑤安定性を上げ、民営化をこうした公共サービスの質を損なうものとして批判してきたことについて、『自治体民営化のゆくえ—公共サービスの変質と再生—』（自治体研究社、2020 年）等を参照。

9 この動画は日本の市民運動のサイトからも観ることができる。https://www.youtube.com/watch?v=EpxpGKQLPCc

著者紹介（執筆分担順）

榊原秀訓（さかきばら・ひでのり）
南山大学法学部教授
1959 年、静岡県生まれ。1982 年、名古屋大学法学部卒業、1987 年、名古屋大学大学院法学研究科博士後期課程満期退学。
主な著作：『地方自治の危機と法―ポピュリズム・行政民間化・地方分権改革の脅威―』（自治体研究社、2016 年）、『地方自治体の補助金にみる政治的中立性―石川県 MICE 助成金不交付問題―』（自治体研究社、2018 年）等。

大田直史（おおた・なおふみ）
龍谷大学政策学部教授
1960 年、京都府生まれ。1982 年、島根大学法文学部卒業、1985 年、龍谷大学法学研究科博士前期課程修了、1989 年、京都大学大学院法学研究科博士後期課程研究指導認定退学。
主な著作：『地方自治法入門［増補版］』（駒林良則・佐伯彰洋らと共著、成文堂、2018 年）、『公共政策を学ぶための行政法入門』（深澤龍一郎・小谷真理らと共著、法律文化社、2018 年）等。

庄村勇人（しょうむら・はやと）
名城大学法学部教授
1975 年、徳島県生まれ。1997 年、岡山大学法学部卒業、2004 年、岡山大学大学院文化科学研究科博士後期課程満期退学。
主な著作：「PFI 法と個別法との関係についての法的考察」法の科学 50 号（2019 年）127 頁以下、「郵政事業におけるユニバーサルサービス規制と消費者組織」榊原秀訓編『行政サービス提供主体の多様化と行政法』（日本評論社、2012 年）133 頁以下等。

尾林芳匡（おばやし・よしまさ）
弁護士（八王子合同法律事務所）
1961 年、東京都生まれ。1986 年、東京大学法学部卒業、1990 年、弁護士（東京弁護士会所属）
主な著作：『自治体民営化のゆくえ―公共サービスの変質と再生―』（自治体研究社、2020 年）、『水道の民営化・広域化を考える［第 3 版］』（渡辺卓也と共編著、自治体研究社、2020 年）等。

[著者]（執筆分担順）

榊原秀訓（さかきばら・ひでのり）南山大学法学部教授

大田直史（おおた・なおふみ）龍谷大学政策学部教授

庄村勇人（しょうむら・はやと）名城大学法学部教授

尾林芳匡（おばやし・よしまさ）弁護士（八王子合同法律事務所）

＊詳しい経歴等は「著者紹介」を参照。

行政サービスのインソーシング
―「産業化」の日本と「社会正義」のイギリス―

2021 年 2 月 10 日　　初版第 1 刷発行

著　者　榊原秀訓・大田直史・庄村勇人・尾林芳匡

発行者　長平　弘

発行所　㈱自治体研究社
　　　　〒162-8512 東京都新宿区矢来町 123　矢来ビル 4 F
　　　　TEL：03·3235·5941／FAX：03·3235·5933
　　　　http://www.jichiken.jp/
　　　　E-Mail：info@jichiken.jp

ISBN978-4-88037-722-3 C0031　　　　　印刷・製本／中央精版印刷株式会社
　　　　　　　　　　　　　　　　　　　　　　DTP／赤塚　修

自治体研究社 ━━━━━━━━━━━━━━━━

地方自治の危機と法
──ポピュリズム・行政民間化・地方分権改革の脅威
榊原秀訓著　　定価（本体 2000 円＋税）

行政が市民の意思を離れてはいないか。憲法から地方自治法に至るほんとうの意義に寄り添い、立憲主義に即して地方自治のあり方を考える。

地方自治のしくみと法
岡田正則・榊原秀訓・大田直史・豊島明子著　　定価（本体 2200 円＋税）

自治体は市民の暮らしと権利をどのように守るのか。憲法・地方自治法の規定に即して自治体の仕組みと仕事を明らかにする。［現代自治選書］

自治体民営化のゆくえ
──公共サービスの変質と再生
尾林芳匡著　　定価（本体 1300 円＋税）

自治体民営化はどこに向かっていくのか。役所の窓口業務、図書館をはじめ公共施設の実態、そして医療、水道、保育の現状をつぶさに検証。

公共サービスの産業化と地方自治
──「Society 5.0」戦略下の自治体・地域経済
岡田知弘著　　定価（本体 1300 円＋税）

公共サービスから住民の個人情報まで、公共領域で市場化が強行されている。変質する自治体政策や地域経済に自治サイドから対抗軸を示す。

「自治体戦略 2040 構想」と自治体
白藤博行・岡田知弘・平岡和久著　　定価（本体 1000 円＋税）

「自治体戦略 2040 構想」研究会の報告書を読み解き、基礎自治体の枠組みを壊し、地方自治を骨抜きにするさまざまな問題点を明らかにする。